売り方は1枚のピザが教えてくれる

身近な実例から学べるマーケティング入門

安部徹也 Tetsuya Abe

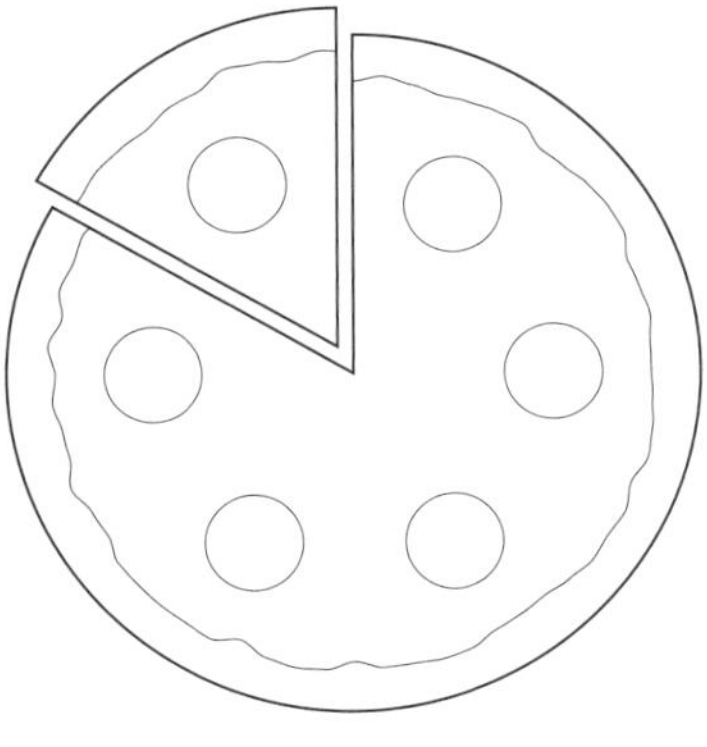

SOGO HOREI PUBLISHING CO., LTD

はじめに

「なぜ、『洋服の青山』の近くに『AOKI』があるのか?」
「なぜ、ドミノピザは1枚注文すれば1枚無料になるのか?」
「なぜ、メルセデスベンツは期間限定でラーメンを販売したのか?」

あなたは普段の生活の中で不思議に感じたことはないでしょうか?

これらの現象は、決して偶然や企業の善意のサービスではなく、その背景にはビジネスで成功するために入念に練られた「**戦略**」があるのです。

その「戦略」の背景を紐解くために、ここで簡単に戦略についてお伝えしましょう。

「戦略」とは、わかりやすく言えば「**ハッピーエンドを迎えるために描くストーリー**」です。企業が掲げる売上目標や利益目標に対して、どのように達成していくのかを筋道立て考えていくプロセスと言えます。

一方、「**戦術**」という言葉もあります。これは「**目標を達成するための具体的な方法**」と言い換えることもできるでしょう。つまり、戦略とは「適切な『戦術』を組み合わせて、いかに自社の目標を達成するかを考えていくこと」とも言えるのです。

「戦略」に関してよくある間違いとして、「他社で成功した『戦術』を真似て自社の『戦略』を立てたものの、同じような結果が出ない」ということがあります。

同じことをして同じ結果が出ないことを不思議に思われる方もいらっしゃるかもしれません。しかし、これは至極当然のことと言えます。環境が違えば、結果を出す効果的な方法、すなわち「戦術」は変わってくるからです。

たとえば、ドミノピザが「1枚注文すれば1枚無料」で成功を収めたからといって、街のピザ屋さんが同じ戦術を真似しても、利益が上がるどころか、深刻な損失が発生するかもしれません。規模の小さなお店が大企業の真似をしたところで、成功を掴むどころか、逆に窮地に陥りかねないのです。

やはり、ビジネスで結果を出すためには、「戦術」という目に見える方法だけに捉われるのではなく、「戦略」というその背景にある目標達成に至るまでの企業側の狙いを読み解く能力を養う必要があるのです。

ビジネスにおいて、この「戦略」を読み解く〝**戦略力**〟を高めることができれば、成功確率を飛躍的に高め、失敗確率をドラスティックに低くすることができるようになります。

普段私たちが何気なく見たり、聞いたりしている企業活動の中には、その企業なりの理由が必ずあります。

本書では、誰でも知っている企業の目立った「戦術」に着目しながら、その「戦略」の背景を掘り下げ、企業活動の「なぜ?」をわかりやすく解説していきます。また、併せて企業が目標を達成するために「どのようにして『戦略』を駆使すべきか?」にもフォーカスを当て、戦略のフレームワークを活用して独自の視点でお伝えしていこうと思っています。

本書を読み終えたころには、企業の「戦略」の背景を読み解き、自身でビジネス目標を達成する「戦略」を立てられるようになるはずです。

それでは、〝戦略力〟を高めていく準備はよろしいでしょうか？
心の準備ができたところで、巷で話題となった数多くの企業の「なぜ？」「どのようにして？」をご紹介していくことにしましょう。

2018年2月吉日　安部徹也

目次

第2章　なぜ、ジャパネットたかたは商品ラインナップの9割を削減したのか?
～プロダクト戦略の「なぜ?」「どのようにして?」～

目次

第3章 なぜ、ドミノピザは持ち帰りだと半額になるのか？

～プライス戦略の「なぜ？」「どのようにして？」～

第4章 なぜ、メルセデス・ベンツは期間限定でラーメンを販売したのか？

～プロモーション戦略の「なぜ？」「どのようにして？」～

第5章 なぜ、「551 HORAI」は〝大阪〟にこだわるのか?

~プレイス戦略の「なぜ?」「どのようにして?」~

第6章 なぜ、RIZAPは不振のジーンズメイトを買収するのか?

~ビジネスモデルの「なぜ?」「どのようにして?」~

目次

ブックデザイン　中西啓一（panix）
図表作成　小松学（ZUGA）
本文DTP　横内俊彦

序　章

なぜ『洋服の青山』の近くに『ＡＯＫＩ』はあるのか？

街中を歩いていて、もしくは郊外をドライブしていて、『洋服の青山』の近くに『ＡＯＫＩ』があるのを目にすることが多いと思ったことはないでしょうか？

両者とも屋号に〝青〟がつき、看板もブルーをバックに白い文字と赤のアクセントと、どことなく同じようなイメージを抱かせますが、紳士服業界で激しく争うこの2社が近くで店舗を構えるのは決して偶然などではありません。

それではなぜ『洋服の青山』の近くに『ＡＯＫＩ』があるのでしょうか？

本書のはじめに、その理由についてちょっと考えていくことにしましょう。

業界トップの『洋服の青山』と追う『ＡＯＫＩ』

『洋服の青山』は、１９６４年5月、広島県府中市に、紳士服を中心として、食料や飲料品、広島の特産品を扱う青山商事株式会社を設立して、その歴史をスタートさせます。１

９７４年４月には、業界初となる郊外型の紳士服専門店『洋服の青山』を広島県西条市でオープン。以降、郊外型店舗を中心に事業を拡大していきます。２０１７年３月31日現在、『洋服の青山』だけで全国に８０５店舗を展開し、グループを含めた連結の業績は２０１７年３月期で売上高２５２８億円、営業利益２０２億円と紳士服業界で圧倒的な首位に君臨しています。

一方、『ＡＯＫＩ』は１９５８年９月に長野県長野市で個人商店『洋服の青木』を開業。１９６５年７月には第一号店である篠ノ井駅前店をオープンさせ、現在のビジネスの源流を築きます。そして、２０１７年３月31日現在、『ＡＯＫＩ』だけで全国に５７３店舗、グループを含めた連結業績は２０１７年３月期で売上高１９４０億円、営業利益１４４億円と業界第１位の青山を激しく追う、第２位のポジションをキープしているのです。

ロードサイドへの出店が、紳士服業界で成功を収めるカギ

企業が売り上げを伸ばすためには適切な戦略を欠かすことはできません。『洋服の青山』や『ＡＯＫＩ』のような小売店であれば、一店舗出店するために多額の投資が必要になっ

てきます。この投資に失敗しないためにも、入念なマーケティング調査を行った上で、出店の立地を決定しているのです。

特に紳士服業界では、価格に敏感な顧客が多く、デザインや品質に加え、「安さ」が商品決定の重要なカギを握ります。そこで、できるだけコストのかからない〝プレイス〟で販売する必要があります。そして導き出したのが、〝幹線道路沿い〟という、いわゆる〝ロードサイド〟の郊外型の店舗だったのです。

『洋服の青山』では、出店場所を選ぶポイントとして、幹線道路と生活道路の交差点の近くを重要視しています。交差点の近くであれば、駐車場にいたる入口をいくつも設けることができるので、顧客がストレスなく来店することができます。もし、駐車場に入るまで混雑していたり、構造的に入りにくかったりした場合、顧客の来店に対する心理的な障害が高まり、みすみす売り上げ機会を失うことにつながるのです。同じような意味で、あまり渋滞しない道路沿いというポイントも押さえています。

このような立地は、紳士服ビジネスに様々なメリットをもたらします。店舗の近隣に多くのターゲットとなる顧客が生活していることに加え、郊外の道路沿いの店舗であれば、駅前などの都心店に比べ、出店コストを低く抑えることができます。また、郊外の店舗にわざわざ来店する顧客は、すでに購入する商品が決まっているケースが多く、接客も効率的に行えるので、店舗に配置する店員も少なくて済むというメリットもあります。

ただ、1つの問題は、郊外の店舗だけに、ショッピングモールのように自然に顧客が集まることはなく、積極的に集客を図っていかなければならないという点です。そこで、集客の重要な役割を果たすのが、「チラシ」と「大きな看板」です。

新聞をとっていれば、毎週のように『洋服の青山』や『AOKI』など、紳士服店のチラシが折り込まれていることに気づくでしょう。特に土曜日や日曜日などの週末は、数量限定ではありますが、スーツやジャケットなどが目玉商品として驚くような安い値段で提供され、店舗へわざわざ足を運ぶ〝フック〟（来店動機を誘発する鍵）になっています。

また、ロードサイド店舗の集客にとって欠かすことができないのが、「大きな看板」です。渋滞のあまりない道路を走っていれば、道路沿いの店舗は見落としがちです。そこで大きな看板を店舗の上に設置すれば、遠くからでも目に飛び込んできて否が応にも店舗の存在を認識することにつながるのです。

このように紳士服業界では低価格の商品を大量に販売するビジネスモデルを成り立たせるために、生産コストの安い海外で商品を大量生産することに加え、販売店舗もベットタウンの幹線道路と生活道路の交差するような立地を選択することによって、相応の需要を取り込むとともに、販売コストの低減を図っています。

『洋服の青山』と『ＡＯＫＩ』が共に同じようなビジネスモデルのために、販売店の立地を決定する際に近隣の場所を選択するのは、ある意味で自然の流れと言っても、あながち間違いではないでしょう。

同業のライバル企業が近くに店を構えるメリットも……

実のところ、同業のライバル企業が近くに店舗を出店することは、両社にとって悪いことばかりではありません。もちろん、顧客を奪ったり、奪われたりと激しい争いが繰り広げられることになり、ビジネス的には厳しいと感じるかもしれません。ただ、郊外に1店舗だけポツリと出店するよりは、同じような店舗が近隣に複数存在する方が顧客の利便性が高まり、より多くの顧客が集まることにつながっていくのです。

つまり、1店舗よりも多くの店舗が集まっている方が、売り上げが大幅にアップする機会が高まるということなのです。

顧客にとって、店舗が1店舗しかなければ、その店で自分の気に入ったものがない場合、買い物につながることはありません。折角時間を費やして来店したのですから、ショッピングが空振りに終わることは避けたいと思うでしょう。そこで、同じような店舗が近くに複数あれば、いろいろな店舗を見て回り、最後に一番気に入ったものを購入することができます。

そこで、複数の店舗が集まっていれば、顧客にとっての「ショッピングに費やす時間が無駄に終わる」というリスクが軽減され、より多くの顧客が集まる理由となるのです。たとえば、郊外にある1つの店舗より、多くの店舗が軒を並べるショッピングセンターの方が圧倒的に集客力に勝ることからも複数店舗の魅力は理解できるでしょう。

このように、『洋服の青山』の近くに『AOKI』があるのは決して偶然ではなく、多くのお客様が集まる地域に両社が出店することにより、より多くの顧客を惹きつけて売り上げアップにつなげることができるという背景があるのです。

第１章

なぜ、アマゾンは法人向けビジネスに参入したのか?

～競争戦略の「なぜ？」「どのようにして？」～

ビジネスは好むと好まざるとにかかわらず、ライバル企業との競争を避けては通れません。当初はまったく競争相手のいないビジネスで高い収益を上げていても、そのビジネスが〝おいしい〟ということが広まると、強力なライバルが市場に次々に参入し、瞬く間に激しい競争が繰り広げられるようになります。したがって、好調な企業がいきなり業績不振に陥ることもありますし、逆に競争戦略が功を奏して苦境から立ち直る企業もあります。

本章では、競争戦略にフォーカスを当てて、企業活動の「なぜ?」「どのようにして?」を深掘りしていくことにしましょう。

ケース
1

なぜ、マツモトキヨシは22年ぶりにドラッグストア業界の首位を明け渡したのか？

～業界における自社の競争優位性を徹底的に分析して、戦略を立案する～

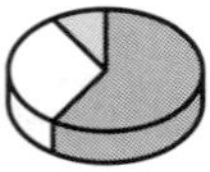

22年ぶりの首位入れ替わりの背景にあるM&A戦略

２０１７年、ドラッグストア業界では22年ぶりに首位が入れ替わりました。

これまで長年にわたって首位を走り続けてきたマツモトキヨシホールディングスは、２０１７年３月期の決算で、売上高が前期比０・２％減の５３５１億円と伸び悩みました。

一方で、イオン傘下のウエルシアホールディングスは、売上高が２０１３年度の３０００億円台から、２０１７年２月期には遂に６２３２億円に達し、ドラッグストア業界で悲願の首位に躍り出ることになったのです。

この首位の入れ替わりの背景にあるのが、積極的なM&Aによる急速な規模の拡大です。

ウエルシアホールディングスは、資本業務提携などを通じて地方のドラッグストアを自社グループに取り込み、事業規模を積極的に拡大しています。小売業においては、規模が大きければ大きいほど規模の利益が働き、商品の仕入れ価格などで一層の低コスト化を図れるというメリットがあるからです。

実際、前年度の決算では、マツモトキヨシの５３６１億円に対してウエルシアは５２８４億円だったことを踏まえれば、ウエルシアの積極的なＭ＆Ａによる規模拡大によって、マツモトキヨシはこの1年で１０００億円近く引き離されたことになります。

どのようにしてマツモトキヨシは首位奪還を果たすことができるのか?

続いて、ウエルシアの急激な成長により22年ぶりにドラッグストア業界首位から転落したマツモトキヨシホールディングスが再び首位に立つための戦略をフレームワークに基づいて考えていくことにしましょう。

まず現状を「Customer」(市場・顧客などの業界)、「Company」(自社)、「Competitor」(競合)の３Ｃで分析します。

① 業界分析（戦略を立てるために業界の特徴を分析する）

まずは、ドラッグストア業界の業界分析を行っていくことにしましょう。

ここでは「**アドバンテージマトリクス**」というフレームワークを活用します。

アドバンテージマトリクスとは、世界的なコンサルティングファームであるボストンコンサルティンググループが開発したものです。事業を「競争要因が多いか？　少ないか？」「競争優位を確立しやすいか？　しにくいか？」という切り口で、次の４つのタイプに分類していきます。

①競争要因が多く、競争優位が確立しにくいタイプ

このタイプは「**分散型事業**」と呼ばれます。このタイプの事業は、町の酒屋や食堂のように店主の才覚だけで事業を展開し、規模を大きくできないという特徴があります。

図表1 ｜ アドバンテージ マトリクス

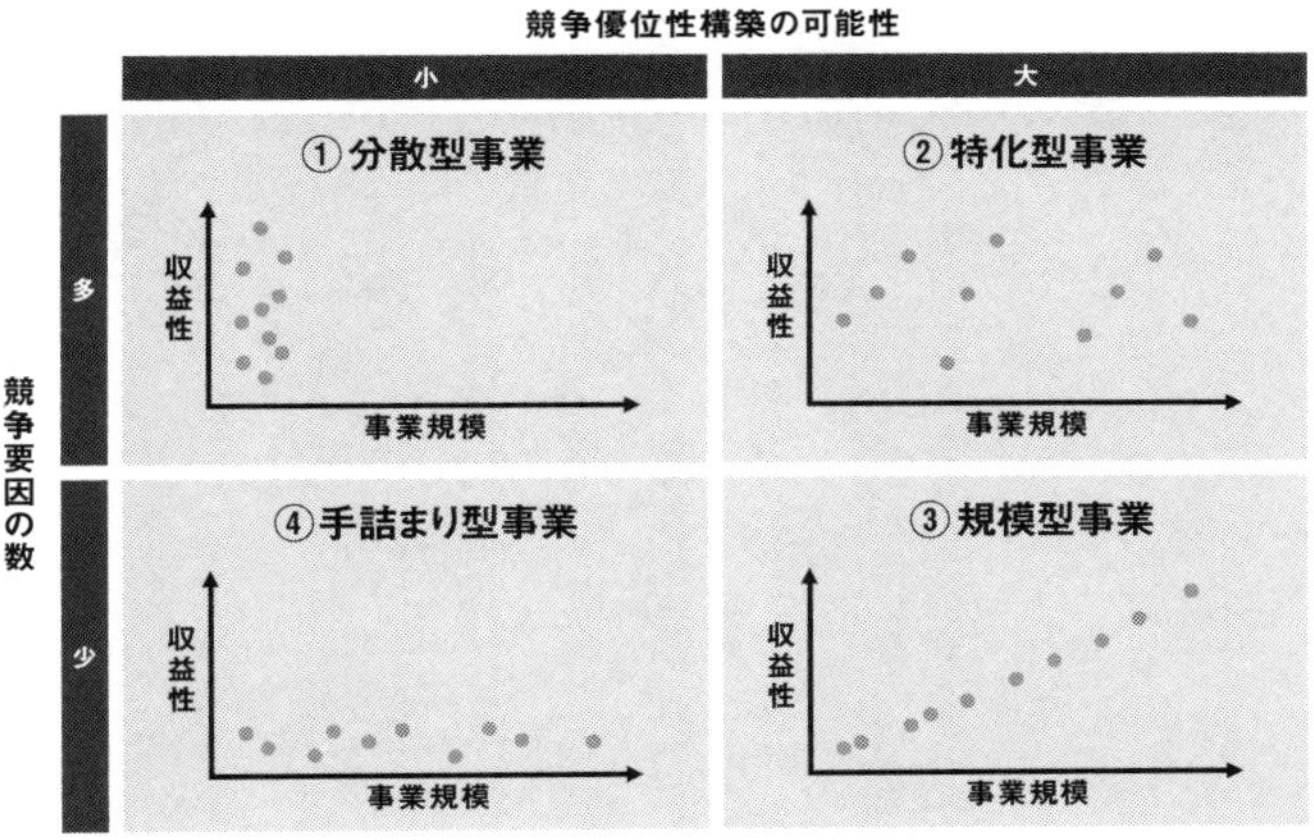

②競争要因が多く、競争優位を確立しやすいタイプ

このタイプの事業は「**特化型事業**」と呼ばれます。このタイプの事業は、寿司屋のように、特定の事業に特化することにより、規模に関わらず高い収益を上げることができるという特徴があります。

③競争要因が少なく、競争優位を確立しやすいタイプ

このタイプは「**規模型事業**」と呼ばれます。このタイプの事業は、規模が大きくなればなるほど収益力が高まり、トップ企業が圧倒的に有利になるという特徴があります。

④競争要因が少なく、競争優位を確立しにくいタイプ

これは「**手詰まり型事業**」と呼ばれます。このタイプの事業は、衰退期を迎えて価格以外に差別化の要素がなく、大手も小規模事業者も低い収益率に苦しむことになります。

以上のように事業を４つのタイプに分類して、自社がどのタイプの事業に当てはまるかがわかれば、競争を優位に展開するために採るべき戦略を立てやすくなるというわけです。

したがって、ドラッグストア業界はこの４つのタイプのうち、③の「競争要因が少なく、競争優位を確立しやすい規模型事業」に当てはまるでしょう。

ドラッグストアは、小売業のため商品の差別化が難しく、競争要因は価格のみに陥りやすい傾向があります。

すなわち、規模の大きさが競争優位を築く上で重要な鍵を握る業界と言うことができるのです。

②企業分析（競争に勝つために自社の強みを特定する）

続いて、マツモトキヨシが再び規模的優位に立つためには、どのような強みを武器に戦略を組み立てていけばいいのかを分析していきましょう。

マツモトキヨシの強みといえば、まず真っ先に思い浮かぶのが「マツモトキヨシ」という〝**ブランド**〟です。22年間にわたりドラッグストア業界の首位に君臨し積み重ねてきたブランドは、ライバル企業を圧倒します。

この〝ブランド〟という強みは、ライバル他社には真似できない独自資源であり、競争を戦う上での核になる強み、すなわち〝**コア・コンピタンス**〟と言うこともできるでしょう。

また、延べ4800万人を超えるグループ会員数も同社の強みと言えます。マツモトキヨシは、ポイントカードやLINEのお友達、スマートフォンのアプリのダウンロード数を合わせると、延べ4800万人を超えるネットワークを築いています。これら様々なツールで囲い込んだ多くの会員に低コストでアプローチできるというのは、やはり強力な強みと言って過言ではないのです。

最後に、多彩なＰＢ（プライベートブランド）商品も同社の強みと言えるでしょう。マツモトキヨシのサイトで確認すると、同社のＰＢ商品は、医薬品や化粧品、日用品、食品と多岐にわたり、それぞれ２３２品、２５５品、４３８品、１３７品が２０１７年5月31日現在で登録されています。特にマツモトキヨシのＰＢ商品は低価格商品ばかりでなく、化粧品の『アルジェラン』シリーズに代表されるように、ＮＢ（ナショナルブランド）商品よりも高品質であり、それゆえ価格設定も高いプレミアム商品もあるのが特徴なのです。

③ 競合分析（ライバル企業と比較した弱みを特定する）

続いて、マツモトキヨシがドラッグストア業界で競合と戦う上でのマイナス要素を把握していきたいと思います。

マツモトキヨシはこれまで都市型店舗で拡大を続けてきました。つまり、都市部で働く女性を対象に、特に化粧品の品揃えを充実させることによって、メインターゲット顧客からの支持を得て首位を快走してきたのです。

数字的に商品販売構成を分析すると、マツモトキヨシは「医薬品」32％、「化粧品」39％、

「雑貨」19%、「食品」10%という構成になっています。

一方、地方のドラッグストアのメインターゲットは主婦層であり、購入する商品も食品に比重が置かれているというデータがあります。たとえば、ウエルシアの商品販売構成は、「医薬品」38%、「化粧品」18%、「雑貨」16%、「食品」21%、「その他」7%であり、マツモトキヨシと比較すると、食品の売り上げ割合が倍以上高くなっています。

つまり、今後マツモトキヨシが地方進出に力を入れる際には、これまでの「化粧品」という強みを活かせずに、「食品」の品揃えの少なさが相対的な弱みになる可能性も十分に考えられるのです。

また、ウエルシアホールディングスの親会社は日本最大の小売業を展開するイオンです。グループ全体の売上高や資本力という面では、いかにドラッグストア業界で22年間首位に君臨してきたマツモトキヨシといえども遠く及びません。

つまり、イオングループに比べれば、マツモトキヨシはグループ規模や資本力に相対的な「弱み」を持つことになってしまうということになるのです。

戦略立案　首位奪還のシナリオを考えてみる

それでは、これまで述べてきた業界分析や自社分析、競合分析を踏まえて、マツモトキヨシが首位を奪還するにはどのような戦略が考えられるかを考えてみましょう。

①M&Aによる規模拡大戦略

まず、最も重要な戦略はやはりＭ＆Ａによる規模拡大です。

コンビニ業界などに比べ寡占化が進んでいないドラッグストア業界でも、今後寡占化が進行していくと思われます。その中で同業他社との提携や地方のドラッグストアチェーンの系列化をいち早く進めた企業が業界の覇者になるはずです。

イオンと関わりが深いウエルシアやツルハなどは、率先してＭ＆Ａを進めて規模を拡大してきているという経緯があります。その波に乗り遅れないようにしなければ、いかにかつて長い間首位に君臨してきたマツモトキヨシといえども、取り残されてランキングを大きく下げることにつながるのです。

実際、2015年度売り上げ規模4位のサンドラックも2016年度の決算ではマツモトキヨシにわずか70億円足らずのところまで迫ってきているという現状を踏まえれば、油断すればすぐに4位まで転落してしまうことも決してありえないことではないのです。

②他業界との提携を積極的に推進する

他にも、同業に限らず、他業界との提携を積極的に推進するという戦略も考えられるでしょう。特に全国に5万店以上の店舗を展開するコンビニ業界との提携は、売り上げを拡大する上で効果的な戦略と成り得ます。

実際、かつてマツモトキヨシはローソンと提携し、2009年にはコンビニとドラッグストアを融合させた1号店を出店しましたが、結局この提携は頓挫することになります。ただ、マツモトキヨシにとっても、当時とは事情がまったく変わっているだけに、今一度コンビニとの提携戦略を見直すことも選択肢の一つとして考える必要があるでしょう。

③オムニチャネル化を進める

そして、最後の戦略オプションは自社が有する4800万人を超える会員リストを活用した「**オムニチャネル化**」です。

オムニチャネル戦略を推進することによって、メールやウェブサイト、アプリなど様々な電子ツールで顧客にアプローチして、そのままネット経由で購入を促すこともできるでしょうし、店舗に誘導して購入につなげることもできるでしょう。

いずれにしろ、これまで蓄積してきた豊富な顧客データを最大限に活用することによって、売り上げの上積みを図れるようになるはずです。

マツモトキヨシが再び首位に返り咲くには、ドラッグストア業界の現状を適切に分析し、効果的な戦略を練り、確実に実行に移すことが重要と言えるでしょう。

ケース2

なぜ、『ステーキカフェ　ケネディ』は倒産に追い込まれたのか?

～過当競争業界における小さい企業の生き残り方～

急成長企業がなぜ倒産に追い込まれたのか?

続いて、かつては飛ぶ鳥を落とす勢いで事業を拡大した企業が、最終的には倒産に追い込まれてしまう「なぜ？」を掘り下げていくことにしましょう。

株式会社ステークスは、東京都内を中心に『ステーキカフェ　ケネディ』を27店舗展開していましたが、資金繰りが悪化して事業継続が困難となり、２０１７年10月に営業停止に追い込まれます。

株式会社ステークスは１９９８年、現社長の中路優理氏の兄と父親が『ステーキ＆カフェ　ベリーズ』を中目黒にオープンしたところから事業をスタートさせます。その後、２

号店は『ケネディ』、3号店は『ステークス』と、違うブランド名で多店舗展開を図っていきましたが、2005年に経営を離れた兄と入れ替わりで社長に就任した優理氏は店名を『ケネディ』に統一し、首都圏100店舗のチェーンを目指して陣頭指揮を執ることになります。

「おいしいものを大衆価格で召し上がっていただく」という同社の理念は、デフレ経済下で顧客の支持を得て、2005年からの4年間で20店以上を出店するなど、勢力を拡大します。その一方、急速な拡大に人材がついてきていないと判断した優理社長は、チェーンとしての土台をしっかり築くために一旦出店計画を凍結し、お客様に対するおもてなしの精神の育成など、人材教育に力を注ぎます。そして、2年間みっちりと社員を教育した後に、出店攻勢をかけて再び拡大路線を歩むことになるのです。

『ケネディ』は、ステーキが手軽な価格で食べられるということでマスメディアからも注目を浴び、影響力の強いタレントが「よく利用する」と人気テレビ番組内でコメントしたことから、顧客が殺到するようになり、2014年12月期には17億6700万円の売り上げを計上します。

ところが、ブームは長くは続きませんでした。同じようなコンセプトのステーキハウス事業に大手が参入してくると業績は急速に失速します。２０１６年12月期には14億１４０万円にまで落ち込む一方、負債は13億８０００万円にまで膨らみ、最終的に資金繰りに窮して自己破産による事業停止という最悪の結末を迎えてしまったのです。

『ケネディ』の命取りになった戦略ミスとは？

一時期は飛ぶ鳥を落とす勢いで店舗を拡大するなど、急成長を遂げた『ケネディ』は、なぜ倒産に追い込まれてしまったのでしょうか？

その主な要因はすでにお伝えしたように、規模を大きくしたところに『いきなり！ステーキ』や『ステーキガスト』などの大手が資本力を背景に急速に多店舗展開を進め、競争が激化したことが挙げられるでしょう。

ステークスは、資本金１０００万円の家族経営のステーキチェーンです。一方、『いきなり！ステーキ』や『ステーキガスト』などは、運営会社が東証一部に株式を上場する大手企業であり、真っ向から勝負を挑んでも、勝敗は戦う前から見えています。

具体的には、『ケネディ』の次のような戦略ミスが命取りになったと考えられるでしょう。

①クーポン、半額セールの乱発

『ケネディ』では、顧客を呼び戻すために半額になるクーポンをポスティングしたり、クーポンを使用しなくても半額になるセールを頻繁に実施していました。

たとえば、「食べログ」での口コミを分析すると、『ケネディアンサーロインステーキ300g』が定価3380円のところ1690円、『リブロースステーキ225g』が定価2000円のところ1000円、といった具合です。

クーポンの発行は当初こそ顧客集めに一役買いますが、一旦導入してしまうと「クーポンがなければ来店しなくなる」という深刻な副作用も併せ持ちます。ですから、一度でもクーポンを発行して集客してしまえば、それ以降は顧客の劇的な減少を恐れるあまりクーポンの発行を止められなくなるという、麻薬と同じように一旦手を出してしまえば抜け出したくても抜け出せないジレンマに陥るケースが多いのです。

加えて、頻繁に半額セールを行っていれば、顧客は定価そのものに疑いを持ち、「もともと半額程度の価値しかないのでは？」と判断して店から足が遠のく一因にもなるでしょう。実際、口コミでは「いつも半額キャンペーンを行っていて胡散臭《うさん》い」という印象を持っていた人も見受けられました。

ただし、このようなクーポンの乱発で失敗した企業は『ケネディ』だけではありません。同じ外食産業では、長崎ちゃんぽんの『リンガーハット』もかつてクーポンの乱発で経営危機を招いた過去があります。2007年、値上げによる顧客離れに苦しんでいた『リンガーハット』は100円引きのクーポンで苦境の打開を図ります。当時同社のちゃんぽんは450円でしたが、「クーポンを使えば350円」と値上げ以前の価格よりもさらに安くして、「低価格で顧客を呼び戻そう」という苦肉の策に打って出たのです。

このようなクーポンの発行は当初大きな集客効果を発揮しましたが、乱発したために顧客の間に「長崎ちゃんぽん＝安物」というイメージが定着して、逆に客足が遠のく要因となりました。そして迎えた2009年の決算では最終赤字が24億円にまで膨らみ、経営危機を迎えることになったのです。

クーポンは確かに集客効果を発揮するプロモーションツールですが、使い方を一歩間違えてしまえば、どのような企業にとっても「業績に深刻なダメージを与えることにつながる」というリスクを認識しておかなければなりません。

②負債による事業の急拡大

『ケネディ』のもう一つの戦略ミスは、借入によって事業を拡大したことでしょう。

ステークスは、「リーズナブルな価格でステーキが食べられる」という口コミで話題となり、出す店、出す店が繁盛し、急拡大を図ります。ただ、短期間に大量出店を行う場合、利益の積み立てだけで出店資金を賄うことは難しく、どうしても銀行からの借り入れなどの負債に頼りがちになります。倒産時のステークの負債は13億8000万円と、ほぼ年商に匹敵する高い水準にまで達していました。売り上げと負債が同じ水準であれば、資金繰りが厳しくなるのは想像に難くありません。

ちなみに同業他社の水準を分析してみると、『いきなり！ステーキ』を運営するペッパーフードサービスは、2016年12月期で負債64億円に対する売上高は223億円と30％以下の水準です。また『ステーキガスト』を運営するすかいらーくは2016年12月期で負債2041億円に対する売上高は3545億円と、ペッパーフードサービスよりは高いものの60％弱の水準に留まっています。いかにステークスの負債が事業の重荷になっていたかがわかるでしょう。

負債が問題となるのは、返済期日には確実に負債を返済しなければならないからです。もし、銀行の借入返済日に借入金を返済することができなければ、銀行はすべての融資の返済を迫り、企業の倒産の引き金を引くこともあるのです。

このような理由から、企業は優先的に負債を返済する資金手当てを行います。特に飲食業は、一般的に現金商売のため、赤字でも目先の現金を得て、期日の近い負債の返済代金に充てるというケースもあります。ただ、このような行為は目の前の負債がなくなっただけで、赤字によって将来の負債は雪だるま式に増え、最終的には首が回らない状況に陥ってしまうのです。

恐らく『ケネディ』も、半額でステーキを提供すれば赤字だったのかもしれませんが、負債を返すためには現金が必要で、返済資金を何とか調達するために不本意ながらも半額セールを続けていたという背景があったと思われます。

『ケネディ』はブームに乗って店舗を急拡大するところまでは順調でしたが、『いきなり！ステーキ』などの大手が低価格のステーキ事業に参入してくるという想定外の事態により、顧客を奪われ売り上げの減少に見舞われました。

このような状況になるとブームの際に「ビジネスチャンスを逃すまい」と負債によって出店を急いだ戦略が裏目に出ることになります。そして、巨額の負債を返済するために、赤字を出しても現金を稼ぐ必要に駆られ、半額キャンペーンによる積もり積もった赤字による負債が負担しきれないくらいまでに膨らみ、経営破綻につながっていったのです。

どのようにすれば『ケネディ』は生き残ることができたのか？

『いきなり！ステーキ』など大手の攻勢で顧客を奪われて、最終的に経営破綻に追い込まれた『ケネディ』ですが、生き残る術はなかったのでしょうか？

そこで、小さな企業が大手との競争の中で「どのようにすれば生き残ることができるのか？」という競争戦略について考えていくことにしましょう。

①顧客に密着してニーズに徹底的に応える顧客戦略

まず、同じマーケットに圧倒的な強者が参入してきた際に、生き残るために重要な戦略は「正面切って戦わない」という選択でしょう。

たとえば、『いきなり！ステーキ』は今や全国に１５４店舗を展開し、『ケネディ』とは店舗数で５倍以上の規模を誇ります。また、２０１６年12月期は売上高で１４１億円、セグメント利益で8億円と売上高では10倍以上の開きがあります。このような強大な敵に同じようなポジショニングで勝負を挑んでも勝ち目がないことは、勝負する前から火を見るより明らかです。

そこで、自社よりも圧倒的に強いライバル企業が参入してきた場合には、ビジネスのコンセプトがかぶらないニッチなビジネスを指向することで生き残る確率を高めることができるのです。

仮に大手の強みが大量仕入れや画一的なメニュー・サービスによるコスト優位性だとするなら、中小企業は出店場所の商圏を徹底的にリサーチして、ターゲット顧客のニーズに合致した付加価値の高いメニューやサービスで顧客を引きつける〝**接近戦**〟で戦っていくべきでしょう。

たとえば、外食産業の事例ではありませんが、東京都町田市に『でんかのヤマグチ』という〝街の電気屋さん〟があります。この『でんかのヤマグチ』は、同じ商圏にヤマダ電機やヨドバシカメラなど大手家電量販店が出店してきた際に、直接争うという選択をしませんでした。近隣店舗の価格をあまり気にしない上得意客に顧客を絞り込み、家電に関する無料の出張訪問はもちろんのこと、顧客が望めば旅行中のペットの世話や庭の水撒きに至るまで、徹底的なサービスの強化を図ったのです。

このような顧客との関係性の強化で、顧客の『でんかのヤマグチ』に対する信頼は高まり、近くにある家電量販店の倍以上の価格でも顧客は喜んで購入するなど、大手参入の影響を最小限に食い止めることに成功したのです。

このケースを『ケネディ』に当てはめれば、大手のように全チェーン店で統一したメニューを提供するのではなく、各店舗の商圏で生活する顧客のニーズを徹底的に調査し、顧客の望む高付加価値のメニューやサービスを提供するという戦略が考えられるでしょう。

②負債による事業の拡大を急がない財務戦略

多くの急成長企業の経営破綻は、負債によって事業規模を拡大したものの、ブームの終焉や大手の参入など急激な環境変化で顧客流出が深刻化し、業績不振に陥って負債を返済できなくなることに起因します。

売り上げは急に減りますが、大規模な店舗の出店によって肥大化した賃料や人件費などの固定費はすぐに削減することができず、大きな赤字を計上して負債の返済計画に大きな狂いが生じてしまうのです。

『ケネディ』も、当初は口コミや数々のメディアに取り上げられて人気店となり、急拡大の道を選びましたが、『いきなり！ステーキ』など強力なライバルの出現によって見向きもされなくなり、売り上げの減少に悩むことになるのです。

成長の波に乗っているとき、経営者はこの波がいつまでも続くと勘違いしがちですが、客観的にビジネスを見つめ直して、どのような財務戦略で成長路線を歩むべきかを冷静に判断しないと思わぬ落とし穴にはまってしまうことは、歴史が物語っています。

やはり、最も堅実な方法は利益を積み立てて、負債に頼らず内部留保で出店費用を賄うことでしょう。

ただ、この方法には「事業拡大のタイミングを逃してしまう」というデメリットもあります。ですから、借入によって資金を調達し、一気にビジネスチャンスを取りに行くという戦略も理解できなくはありません。しかし、冷静にリスク判断を行った上でゴーサインを出さなければ、規模を拡大すればするほど経営の舵取りは難しくなるだけに、「一気に窮地に陥る可能性が高まっていく」ということを最低でも認識しておくべきなのです。

また、経営権の問題は慎重に判断すべきですが、資金調達する際に銀行からの借入ではなく、大手企業に株式を引き受けてもらい、自己資本として組み込むという方法もあります。資本であれば返済する必要もありませんし、同業であれば大手企業からチェーン店運営のノウハウを獲得できる場合もあるので、店舗を急拡大させる際の資金調達の選択肢の一つとして一考に値するのではないでしょうか。

③高付加価値で高収益を実現するマーケティング戦略

『ケネディ』の経営破綻の要因として、常時行っていた半額キャンペーンが挙げられますが、規模の小さい企業にとって、利益を削って集客を図るマーケティング戦略は好ましいものとは言えません。

顧客数も少なく、売り上げ自体の水準が低い中小企業にとって、事業を継続していく上で、やはり付加価値の高い商品を販売して高い利益を生み出していく戦略が望まれるのです。

赤字覚悟の半額キャンペーンなどは、創業記念日など年1回程度に限ってプロモーション目的で実施しても問題ないと思いますが、頻繁に実施するようでは業績に深刻なダメージを与えかねず、やはり避けるべきものだったと言えるでしょう。

そこで、適切なマーケティング戦略として、まずは食材の見直しといったメニューの付加価値を高める努力を惜しまないことは当然ですが、食事をする環境も最終的な顧客が感じる価値に直結することを考えれば、店舗の内装や店員のホスピタリティにまで気を配り、スターバックスコーヒーのように、高い価格でも顧客の満足度を高めていくプロダクト戦略が効果的だと思われます。

これは〝ブランディング〟の一環と言えますが、より高い価値を常に追求し、顧客に「外で食事をするならケネディ」というイメージを植えつけることができていれば、大手との競争に巻き込まれることはなかったと言えるのではないでしょうか。

ケース3

なぜ、『バーガーキング』は日本での失敗を繰り返すのか？

〜自社のコン・コンピタンスを活かして、現実的な打ち手を考える〜

バーガーキング日本進出の歴史を振り返る

続いては世界第2位のハンバーガーチェーン『バーガーキング』を取り上げましょう。『バーガーキング』はおよそ25年前から日本市場に参入していますが、グローバルマーケットと同じようなプレゼンスを日本市場で示すことが未だにできていません。２０１７年には日本での運営権を香港の投資ファンド「アフィニティ・エクイティ・パートナーズ」に譲り、長年低迷してきた日本市場での拡大を目指すようですが、なぜ『バーガーキング』は日本市場でうまくいかないのでしょうか？

まずはその背景を掘り下げていくことにしましょう。

『バーガーキング』は、1993年に西武グループがアメリカ本社とフランチャイズ契約を結び、日本での事業をスタートさせます。

当初は西武線沿線や西武グループが展開するプリンスホテルなどのリゾート施設を中心に店舗展開を図る計画でしたが、アメリカ本社との間に経営方針の食い違いが生じ、提携を解消するまでに関係がこじれます。

その後、店舗を引き継いで日本での事業を担ったのがJT(日本たばこ産業)です。JTは1996年にバーガーキングジャパン株式会社を設立すると、当時森永製菓のグループ会社であったハンバーガーチェーン『森永LOVE』を買収し、4~5年の間に一気に100店舗を日本で展開する事業計画を打ち出します。

ところが、この計画は最大手『マクドナルド』の積極的な価格攻勢の前に頓挫することになります。『マクドナルド』は1990年代後半のデフレ経済下、ハンバーガーの大幅な値下げを実施。平日半額キャンペーンでハンバーガーをわずか65円で提供するなど、価格でライバル企業を圧倒します。

そして、価格競争に敗れた結果、『バーガーキング』は経営不振に陥り、2001年3月に日本市場から完全撤退の憂き目に遭うことになるのです。

日本市場への再参入を果たした後も続く不振

『バーガーキング』はその後２００６年に『ロッテリア』を展開するロッテと、『ロッテリア』再建を支援するリヴァンプが共同でアメリカ本社とフランチャイズ契約を結び、２００７年に新宿に1号店をオープンして再参入を果たします。

再参入時は3年間で50店舗を展開する目標を掲げますが、計画通りに事業は軌道に乗らず、結局２０１０年には負債14億円を引き継ぐことを条件に、韓国のロッテリアにわずか１４００ウォン（１００円）で引き渡して支援を仰ぎます。

ただ、日本のハンバーガー市場は２０１０年には過当競争から最大手の『マクドナルド』でさえも業績不振に陥るなど縮小傾向にあり、市場のパイが減る中で拡大路線に走れば兄弟会社である日本の『ロッテリア』の業績に悪影響を及ぼしかねず、積極的な展開を図ることができないジレンマに悩まされることになるのです。

２０１４年から２０１５年にかけて、ライバルの『マクドナルド』が続け様の不祥事で危機的な状況に陥った際には、『バーガーキング』も『マクドナルド』が閉鎖した店舗に新たに出店して攻めに転じましたが、結局は思うような事業拡大を図ることができずに終わってしまったのです。

どのような戦略で『バーガーキング』は日本での事業拡大を目指すのか？

さて、バーガーキングにとっては、しがらみを断ち切った新たな資本での挑戦となりますが、どのような戦略で日本市場での拡大を目指すのでしょうか？　その可能性を戦略のフレームワークをベースに検証していくことにしましょう。

ビジネスにおいて競争を優位に展開するための「**3つの基本戦略**」があります。

1つ目は「**差別化戦略**」であり、2つ目は「**コストリーダーシップ戦略**」、そして3つ目は「**集中戦略**」になります。

①差別化戦略

まずは差別化戦略から検証していきましょう。

差別化戦略では、ライバル企業が真似できないような製品を投入し、顧客を惹きつけて

図表２ ｜ ポーターの３つの競争戦略

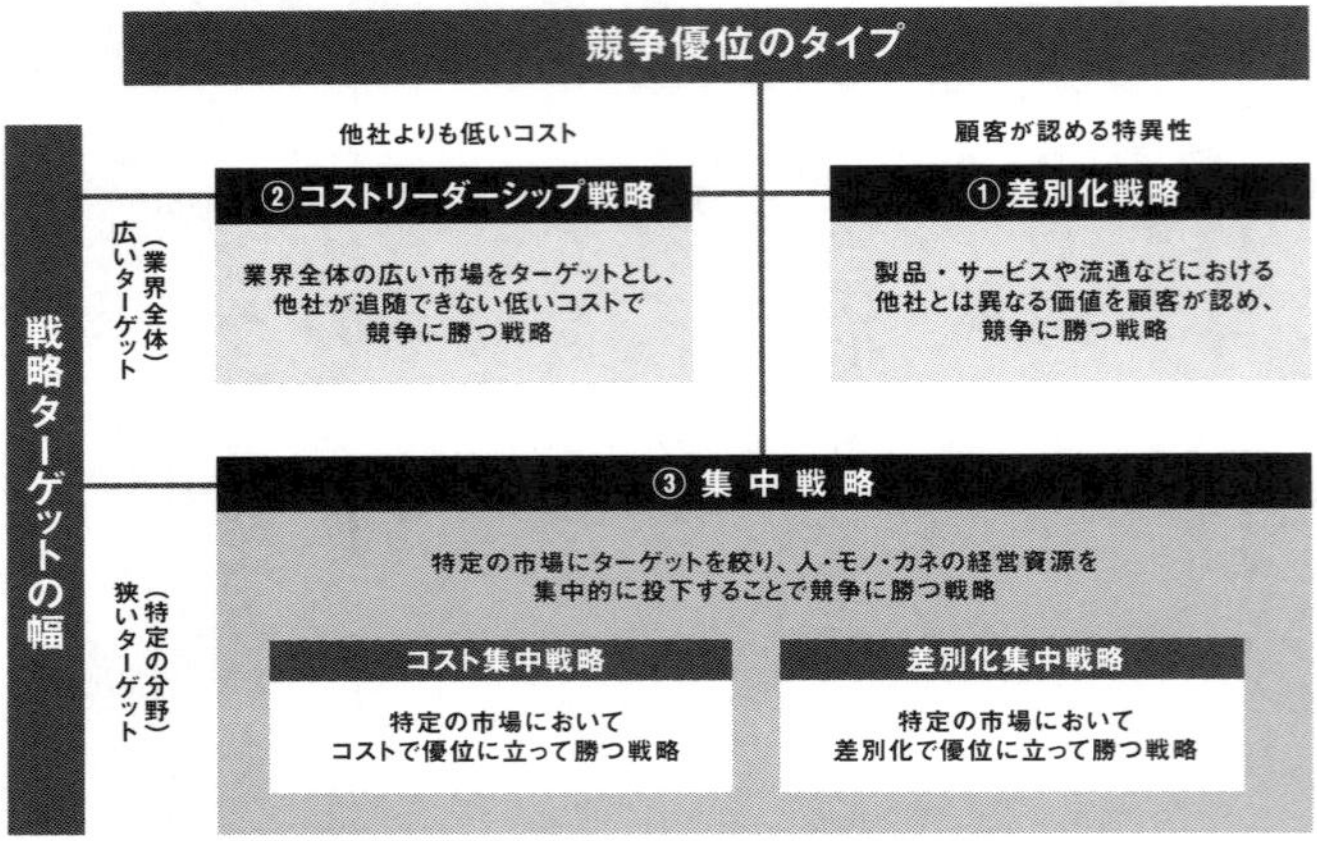

売上アップを目指していきます。たとえば、『バーガーキング』であれば、ライバルである『マクドナルド』よりもおいしいハンバーガーを提供し、顧客を奪っていくことになります。

ところが、日本のハンバーガー市場では、すでに業界2位の『モスバーガー』が差別化戦略で一定の成功を収めています。『モスバーガー』は２０１７年９月30日現在、日本国内で１３５３店を展開し、売上高は２０１７年３月期で７０９億円を超えています。

もし、『バーガーキング』が日本市場で差別化戦略を採用する場合、『マクドナルド』よりも『モスバーガー』が強敵として立ち塞がることになるでしょう。

②コストリーダーシップ戦略

続いて、コストリーダーシップ戦略はどうでしょうか?

コストリーダーシップ戦略では、大量出店を行って、食材の調達コストなどを引き下げ、ライバルよりも低価格で商品を提供し、競争を優位に展開していきます。

ただ、日本市場では業界トップの『マクドナルド』がコストリーダーシップ戦略で市場を支配して業績が回復してきた現状では到底太刀打ちできないレベルに達しています。

『マクドナルド』は、２０１７年６月30日時点で、日本国内で２８９６店を展開し、２０１６年12月期の全店売上高はおよそ４３８５億円です。

業界のリーダーだけに、商品はフルラインナップを揃え、１００円マックの低価格帯から４９０円の「グランクラブハウス」などの中価格帯まで、メニューは実にバラエティに富んでいます。

加えて最近ではスムージーやフラッペなど、健康やスイーツを意識したメニューを投入して新たな顧客開拓を推し進めるなど、全方位戦略で好調を維持しており、つけ入る隙は、ますますなくなってきているのです。

③集中戦略

それでは、最後に集中戦略を検証してみましょう。

集中戦略とは、特定の製品や顧客などにフォーカスして、ニッチな市場で圧倒的な地位を築いて競争を優位に進める戦略です。

たとえば、ハンバーガーであれば、〝超高級バーガー〟にフォーカスして、グルメに関心の高い顧客をターゲットにビジネスを展開していくことも一つの集中戦略と言えます。

ただ、この分野でも、最近日本市場では『UMAMI BURGER』や『Shake Shack』など、本場アメリカで話題のチェーンが次々と参入し、オープンした店舗では行列が絶えないなど非常に高い人気を博しています。

これらのチェーンは、高価格にもかかわらず、熱狂的なファンも多く、『バーガーキング』が直接戦ったとしても、勝利することは至難の業と言っても決して過言ではないでしょう。

バーガーキングに日本で事業拡大をする余地は残されているのか？

このように日本のハンバーガー業界をざっと見渡して、ポジショニングマップを作成すれば、『バーガーキング』に残された余地は限りなく少ないということがわかります。

『マクドナルド』や『モスバーガー』など、すでに確固たる地位を築いたハンバーガーチェーンに加えて、今やアメリカ市場で同じようなポジショニングの『Carl's Jr.』（カールス・ジュニア）や『Wendy's』（ウェンディーズ）も日本市場に再参入を果たし、虎視眈々と事業拡大を狙っているのです。

『バーガーキング』としては、前にも述べたように２０１４年から２０１５年にかけて、業界トップの『マクドナルド』に異物混入など食の安心安全を脅かす不祥事が相次ぎ、顧客離れが加速して、次々と不採算店舗を閉鎖する際に、事業を拡大するチャンスがあったにもかかわらず、実現できなかったのが痛いミスと言えるでしょう。

『バーガーキング』は、２０１４年には当時81店だった店舗数を２０１６年末までに２００店舗まで拡大する方針を打ち出していましたが、結局は２０１７年に入っても98店舗に留まっているのです。

ビジネスに勝利するためにはタイミングも重要な鍵を握ります。

今や圧倒的なリーダーは瀕死の状態から回復し、熱狂的なファンを抱える強敵が次々と日本市場で存在感を増している状況を見れば、『バーガーキング』は事業拡大の大事な時機を逸してしまったと言えるのではないでしょうか。

バーガーキングの現実的な事業拡大戦略とは？

それでは、現実的にどのような戦略で事業拡大を図ることができるのでしょうか？

『バーガーキング』のコア・コンピタンス、すなわち競争上の核になる強みは「世界第2位のハンバーガーチェーン」と言うことができます。

つまり、『バーガーキング』は、世界第2位のハンバーガーチェーンとして資金力も潤沢ですし、グローバルサプライチェーンをフル活用すれば低コストで高品質の食材を調達することもできるのです。

ただ、『バーガーキング』の〝最強の武器〟も世界第1位の『マクドナルド』の前では通用しません。

そこで、日本市場においては、事業拡大のために『マクドナルド』や『モスバーガー』など、すでに独自のポジションを築いている強力なライバル企業とは直接戦わずに、『ロッテリア』や『フレッシュネスバーガー』など、比較的与しやすい企業をまず叩いてから、『マクドナルド』や『モスバーガー』に挑戦するという戦略が現実的と言えるのではないでしょうか。

『ロッテリア』は359店舗、『フレッシュネスバーガー』は166店舗と上位2社に比べれば店舗数も少なく、互角以上の戦いに持ち込める可能性は高まります。

また、直接戦わなくても「買収を通して味方につける」という戦略も選択肢の1つになるでしょう。特に『フレッシュネスバーガー』は2016年に『牛角』などを運営するレインズインターナショナルに買収されたばかりであり、相乗効果が見込めなければ、全株式を手放すことも十分に考えられます。

まずは店舗を拡大しない限りは、日本でのプレゼンスも高められないために、現実的な店舗拡大戦略が成功の鍵を握るでしょう。

ケース4

なぜ、アマゾンは法人向けビジネスに参入したのか？

～巨大で絶対的な力を持つ新規参入企業への立ち向かい方～

国内勢を凌駕する圧倒的パワーで新規参入するアマゾン

第1章の最後は、「アマゾンはなぜ新ビジネスに参入したのか？」、そして「迎え撃つアスクルはどのような戦略で生き残るのか？」を掘り下げていきましょう。

2017年9月20日、アマゾンは法人や個人事業者向けに『Amazon Business（アマゾンビジネス）』という新しいサービスの提供を開始しました。

『アマゾンビジネス』では、法人向けに需要の高いボールペンやコピー用紙などのオフィス用品をはじめ、工事現場では必需品と言えるヘルメットや電動工具、そしてもちろんアマゾンで取り扱う食品や飲料、パソコン周辺機器などに至るまで、実にバラエティに富んだ商品を購入することができます。その取扱品目は、なんとおよそ2億点。すでに先行しているライバル企業を品数で圧倒し、早期に業界での主導権を奪取しようという「**ペネトレーション戦略**」とも言えるでしょう。

アマゾンは、これらの品揃えに加え、法人顧客の利便性を高めるために、社内の事前承認が必要な企業には見積書を自動で作成する機能を提供したり、支払方法も従来のクレジットカード払いだけでなく、一定期間に購入された注文代金をまとめて支払う請求書払いに対応したりと、法人にとっては欠かすことのできないサービスにも力を入れています。

法人向けの国内ＥＣ市場の規模は２０１６年にはおよそ２９１兆円に達していますが、アマゾンは新たなサービスでこの途方もなく大きなマーケットに斬り込み、日本市場でさらなる成長を加速させていくことを狙っているのです。

老舗のライバルも駆逐してしまうアマゾン

このアマゾンの新たなビジネスへの参入に戦々恐々としている企業は多いことでしょう。「**アマゾン・エフェクト**」（アマゾン効果）という言葉が話題となりましたが、アマゾンが本腰を入れればどんな大企業といえども市場を侵食され、危機的な状況に陥ることも決してあり得ないことではないからです。

たとえば、創業69年になるアメリカの玩具小売チェーン『トイザらス』は、アマゾンなどライバル企業との激しい競争の末、日本の民事再生法に相当する連邦破産法11条（いわゆるチャプターイレブン）の適用を申請し、事実上の倒産に追い込まれました。実のところ、トイザらスは２０００年にアマゾンと10年間にわたる独占販売契約を結ぶなど、かつては蜜月の関係にありました。この独占販売契約の締結以降、アマゾンのサイトでは、おもちゃとベビー用品についてはトイザらスの商品のみを取り扱う一方、トイザらスのサイトでは商品をクリックするとアマゾンのサイトへ移る仕掛けになっていたのです。この世界最大のECサイトと世界最大の玩具小売チェーンのタッグは、当初お互いにメリットのある理想的な提携と思われていました。

ところが、アマゾンは契約の途中でトイザらスの品揃えが期待の水準に達していないと他の玩具店の商品の取り扱いを始めたのです。そこで２００４年、トイザらスはアマゾンを契約違反で提訴します。そして、10年契約を破棄してアマゾンから撤退するとともに、２００６年には自社サイトを立ち上げて独自でオンライン販売を展開する決断を下したのです。

ただ、その後の業績は明暗を分かつことになります。

アマゾンが多くの業者を自陣に取り込み、２０１６年には四半期ベースで40億ドル（４４００億円　１ドル＝１１０円換算）まで拡大を続ける一方、トイザらスはアマゾンやウォルマートなどの激しい攻勢で業績不振に陥り、２０１３年以降は利益を生み出すこともできなくなり、遂には52億ドル（５７２０億円　１ドル＝１１０円換算）もの負債を抱えて経営破綻にまで追い込まれることになるのです。

世界最大の玩具小売チェーンですら、真っ向から対抗しようとすれば完膚《かんぷ》なきまでに叩きのめされるほどの強大な力を持つアマゾン。法人向けのオフィス用品の販売を主力とする日本企業はアマゾンの攻勢を受けて生き残ることができるのでしょうか？

どのようにしてアスクルは生き残りを図るのか？

法人向けのオフィス用品販売といえば、圧倒的な地位を築いているのがアスクルです。

アスクルは、もともとオフィス用品メーカーのプラスの一部門として、１９９３年３月に事業をスタートさせますが、注文した商品が翌日届く（明日来る）というサービスで人気を博し、急成長します。

特筆すべきはアスクルのビジネスモデルです。通常、卸売業者や小売店を〝中抜き〟して、メーカーから直接エンドユーザーである法人顧客に販売することでコストを削減することができますが、アスクルはあえて〝街の文房具屋〟を自社のビジネスモデルの中に取り込み、「エージェント」（代理店）として新規顧客開拓や債権管理、代金回収などの業務を任せています。そしてアスクルでは、カタログ発送や注文受付、配送、および問い合わせ対応を行うなど役割分担をきっちりと定めているのです。

メーカーの直販ビジネスが拡大すればするほど中小の小売店は厳しい状況に追い込まれることになりますが、アスクルのビジネスモデルでは共存共栄を目指しているところが特徴的と言えるでしょう。

アスクルは、このような独自のビジネスモデルを軸にビジネスを拡大してきたのです。ここでアスクルの財務状況を見てみると、売上自体は停滞した時期もありましたが、２０１１年以降は再び成長軌道に乗っています。一方で利益については、同業の大塚商会の『たのめーる』やコクヨの『カウネット』など後発組の激しい突き上げなどで価格競争が熾烈となり、利益率が10年前に比べてほぼ半減するなど苦戦を強いられているのです。

加えてアマゾンが法人や個人事業主に特化した同じようなサービスの提供を開始すれば、さらなる苦境に立たされることは想像に難くないでしょう。

アマゾンに攻め込まれるアスクルに生き残る道はあるのか?

アマゾンビジネスがスタートした時点で、アマゾンの2億点に比べ、アスクルでは373万点と品揃えには比較にならないくらいの差がついています。

しかし、品揃えだけで勝負がつくとは限りません。

そこで次のような戦略が考えられます。

①価格

価格で顧客を引きつける戦略は、決してベストの選択とは言えませんが、有効な手立てとなるでしょう。

実際、オフィスでよく使用されるコピー用紙を検索すると、9月25日時点でアスクルではPB商品のA4用紙500枚が369円で販売されています。一方、アマゾンではコクヨのA4用紙が500枚で555円。このような状況を勘案すると、もともとアスクルはオフィス用品メーカー大手のプラスから生まれた企業だけに、プラスとタッグを組んで人気商品のPB化を促進してコストパフォーマンスの高い商品でアマゾンに対抗していくことも考えられるでしょう。

②サービス

また、法人向けサービスでは、価格だけが顧客の選択基準ではありません。

毎年、オフィス用品の通販サービスの顧客満足度を調査しているJ．D．パワーによれば、法人顧客はコールセンターなどの担当者への電話のつながりやすさや説明のわかりやすさ、問い合わせに対する対応の早さや入力フォームの使いやすさなど、付随するサービスを加味してトータルで利用する企業を決定しています。

いくら価格が安くてもサポート体制が基準を満たさなければ、他の企業を利用することにつながるというわけです。特にオフィス用品の購入の仕組みが自社のシステムに組み込まれていなければ、サプライヤーを変更するスイッチングコストは限りなくゼロに近いと言っても過言ではありません。ただ単にアクセスするサイトを、たとえばアスクルからアマゾンへ変更するだけでいいのです。ですから、価格だけでなくサービスにちょっとでも不満があれば、簡単に購入先を変更することにつながるのです。

このようなサポート体制の重要性を踏まえれば、価格競争を追求するばかりなく、法人顧客が備品を購入するプロセスを十分に把握して、かゆいところに手の届くようなサービスを併せて提供する〝トータルソリューション〟を実現することが重要になってきます。そしてトータルで顧客を満足させることができれば、リピート率の向上につながり、業界での地位も盤石にすることができるのです。

③他社と連合を組んで共同で立ち向かう

最後に、自社単独で対抗するのではなく、アマゾンの台頭に危機感を抱いている他社と手を組んで連合で立ち向かうという方法もあります。「敵の敵は味方」というわけです。

実際、アスクルは2017年7月6日、セブン&アイ・ホールディングスとの提携を発表しました。11月末を目途に、セブン&アイ・ホールディングスが運営する『オムニ7』とアスクルの『ロハコ』のサイトでお互いの商品を購入できるようにするほか、今後はサイト運営や物流機能の共同化で販売機会の拡大や業務の効率化を目指していく計画です。日本を代表する大手小売業者と手を組むことによって、逆にアマゾンの牙城を切り崩すことができるのです。

第1章 まとめ

競争戦略を駆使してビジネスで成功を収めるためには、戦略の実行プロセスをしっかりと押さえた上で、戦略のサイクルを回し続けることが鍵を握るでしょう。

一般的に戦略のプロセスは、次のような流れで実行に移されます。

戦略のスタートはビジネスの目的であるミッションの決定から始まり、続いてより具体的な目標であるビジョンに落とし込んでいきます。次に、設定した目標を達成できるのかを、外部環境や内部環境を入念に調査・分析して確認していかなければなりません。

そして、自社を取り巻く環境を詳細に把握した上で、自社の経営資源を最適に配分していく全社戦略を立てていくのです。

ここで、複数の事業を展開しているようであれば、それぞれの事業において、「どのようにすればライバル企業との競争に勝ち抜けるのか」という「事業戦略＝競争戦略」を検討していきます。競争戦略では、「差別化」や「コストリーダーシップ」「集中」など、自社の置かれた環境に応じて適切な戦略を選択することが成功への鍵を握ることになります。

続いて、各事業において「〝ヒト〟〝モノ〟〝カネ〟をどのように効率的に活用するか?」や「どのように売上を増やしていくか?」という機能別の戦略を策定して最終的に実行に移していくのです。

また、戦略を実行に移せば、当然、結果が売上高や利益、顧客数などの数値として出てきます。この結果が当初立てた計画通りであれば、現状の戦略の正当性を証明することになります。一方で、もし事前の計画と大きな乖離《かいり》があれば、戦略の実行プロセスのどこかで過ちが生じているということであり、早急に修正しなければなりません。この戦略の評価を踏まえて、プロセスのどこまで戻るのかは、分析次第と言えるでしょう。

ビジネスの考え方や目標設定から間違えているような場合は、もう一度ミッションやビジョンの策定プロセスからやり直す必要がありますし、ライバル企業と争う上で自社の武器となるものがないという問題点が浮き彫りになれば、全社戦略を再検討しなければなりません。また、コストが予想以上にかかって赤字に陥った場合などは機能戦略を見直して収益の改善を図る必要があるでしょう。

このように戦略は、「失敗したらどうしよう」と尻込みして一歩も踏み出せない状況から

図表3 戦略実行のプロミス

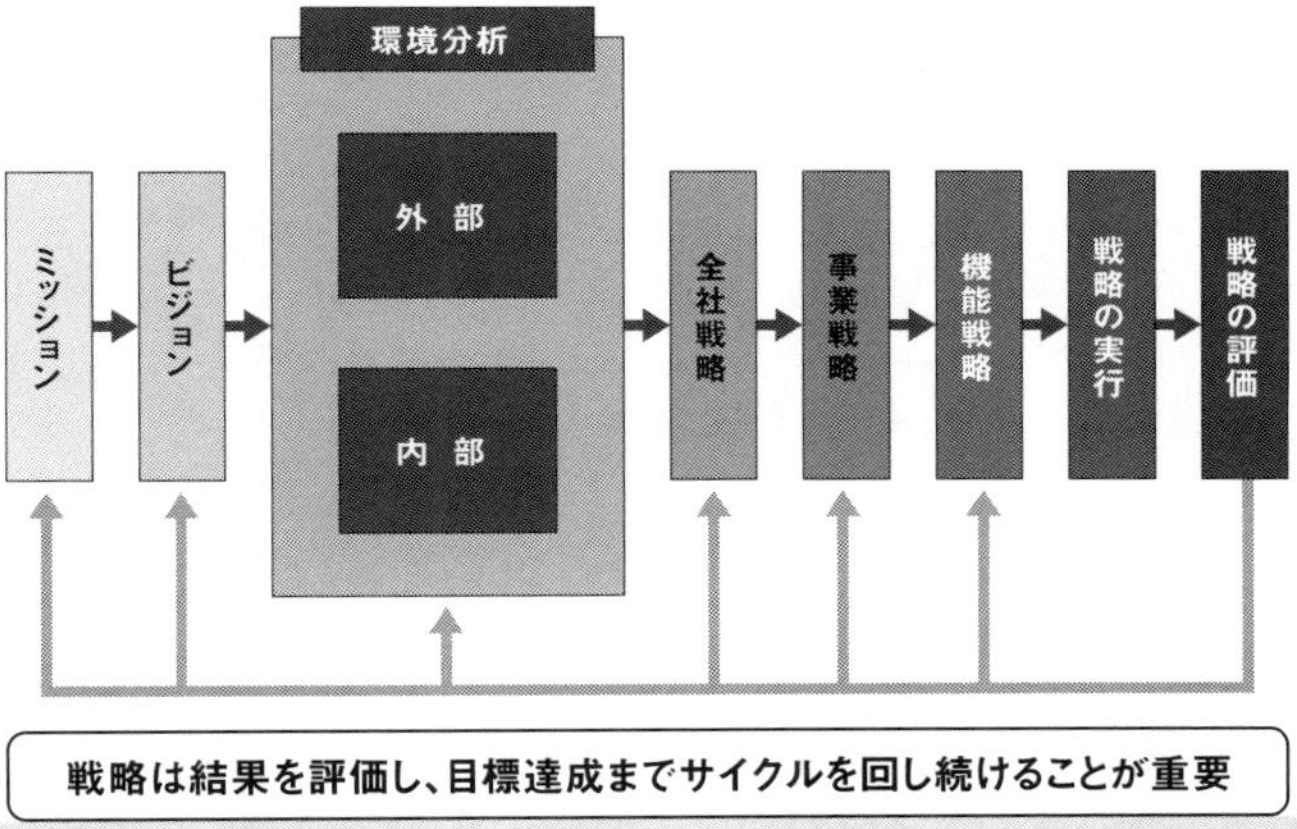

抜け出し、「失敗しても改善を施して結果につなげる」というポジティブな気持ちで新しいことに挑戦することが重要です。そして、たとえ当初は結果につながらなくても、問題点を洗い出し、常に競争戦略の精度を高めていく努力を怠らなければ、必ずや成功につながっていくことでしょう。

第2章

なぜ、ジャパネットたかたは商品ラインナップの9割を削減したのか?

～プロダクト戦略の「なぜ？」「どのようにして？」～

ビジネスを「製品やサービスを顧客に販売する活動」と捉えれば、どのような製品を開発し販売するかは、企業にとって最も重要な戦略の1つと言っても決して過言ではありません。このプロダクト戦略では、新製品の開発から商品ラインナップの決定、ブランディングに至るまで実に多岐にわたる要素を決定していかなければいけません。

本章ではマクドナルドをはじめとして、なか卯、カルビー、任天堂、ジャパネットたかた、NTT ドコモといった、誰でも知っている企業を取り上げ、プロダクト戦略に成功したケースのみならず、落とし穴にはまって急速に売り上げが減少したケースなども掘り下げていきます。

ケース
1

なぜ、マクドナルドは深刻な不振から立ち直ることができたのか？

～全方位戦略を採る〝リーダー〟の座を一旦退いて回復を図る英断～

崖っぷちから復活途上にあるマクドナルド

マクドナルドは一時期の深刻な不振から立ち直り、堅調な業績をキープしています。２０１５年には過去最悪の３５０億円の赤字を計上しましたが、２０１６年12月期には売上高が19・6％増の２２６６億円、最終利益は54億円の黒字にまで回復しました。

この好調な業績の背景には、高単価な新商品のヒットがあります。２０１６年4月に期間限定で売り出した『グランドビッグマック』は、定番商品である『ビッグマック』より一回り大きいおよそ1・3倍の重さがあるボリューム感たっぷりのハンバーガーですが、計画の倍以上の注文が殺到し一時販売休止となるほど人気が過熱。店舗によっては販売期間が前倒しで終了するなど予想を大きく上回る売り上げを記録しました。その他にも高単価の期間限定商品が牽引役となって業績アップの大きな要因となったのです。

加えて、わずか3日間で日本におけるダウンロード数が１０００万を超える大ヒットを記録したスマートフォンゲーム『ポケモンＧＯ』のオフィシャルパートナーとして、およそ２９００店舗でユーザーがポケモン同士のバトル、もしくはアイテムの補給ができるようになるなど、ゲームファンの取り込みに成功します。さらには５５０を超える店舗を改装することによって、ファミリー層を中心にかつての顧客が戻ってきたことも顧客数の増加、ひいては売り上げアップにつながったのです。

日本で白熱する高級バーガー戦争に対してマクドナルドのスタンスは？

このように、現状業績が堅調なマクドナルドですが、競争が激化するハンバーガー業界で決して安閑としていられるわけではありません。

最近では、アメリカの高級バーガーショップの日本参入が相次いでいて、２０１５年11月の『SHAKE SHACK』（シェイクシャック）を皮切りに、２０１７年3月24日には、米

『タイム』誌で「史上最も影響のあるハンバーガー」のひとつに選出された高級バーガーの本命とも言えるロサンゼルス発の『UMAMI BURGER』（ウマミバーガー）が日本に初上陸し、高級バーガー戦争が益々過熱してきたのです。

高級バーガーチェーンの中には、注文まで数時間かかる大行列となる店舗もあるなど、日本の消費者にも高級バーガーは絶大なる支持を得ていることが見て取れます。

このようなアメリカからの新たなるチャレンジャーの出現に対して、１９７１年のオープン以来、長年にわたり日本のマーケットでリーダーとしてハンバーガー業界を牽引してきた迎え撃つ立場のマクドナルドのセオリーは「**全方位戦略**」です。

つまり、差別化された高級バーガーで攻撃を仕掛けてきたチャレンジャーに対しては、同じような高級バーガーを若干安い価格で提供して〝包み込む〟ことによって、チャレンジャーの出鼻を挫き、リーダーの地位の確保を図るのです。

ところが、マクドナルドの採った戦略はまさかの真逆でした。

２０１７年４月４日にはマクドナルドで最高級バーガーの『クォーターパウンダー』の販売を止める決断を下したのです。この『クォーターパウンダー』の販売停止と共に、マクドナルドはビーフの新商品として実に８年ぶりに『グラン』シリーズを翌４月５日から発売開始しますが、価格は『グラン クラブハウス』の490円が最高であり、定番メニューからは単品で500円を超えるハンバーガーが姿を消して加熱する高級路線とは一線を画したラインナップで〝マクドナルドらしさ〟を追求する戦略に打って出たのです。

なぜマクドナルドはリーダーの戦略を採らないのか?

それでは、なぜマクドナルドは2008年に鳴り物入りで投入した高級化路線の象徴とも言える『クォーターパウンダー』を高級バーガーが世間の注目を浴びる今、あえて切り捨てるのでしょうか?

その背景にはさまざまな要因があると思われますが、やはり将来の成長のための〝名誉ある撤退〟であり、英断だと言えるのではないでしょうか。

マクドナルドは、2014年7月に発覚した原材料の仕入先の消費期限切れの鶏肉使用事件以降、異物混入などの不祥事が重なり、顧客離れが深刻化して一時期は身売りまでささやかれるほど、業績は不振を極めました。最近、ようやく業績は回復基調にあるとはいえども、2008年の売上高4064億円、最終利益124億円に比べれば、現状は売上高2266億円、最終利益54億円と、かつての半分の水準に到達したに過ぎず、完全復活にはまだまだ道半ばといった状況です。

体力が十分に回復したわけでもないのに、自社の主戦場ではない高級路線にまで戦線を広げれば、マクドナルドらしさを追求してようやく顧客が戻ってきた状況が一変する可能性も十分に考えられます。つまり、首尾一貫しない戦略に顧客が混乱して、再び顧客離れを招く危険性も高まるのです。

深刻なダメージからようやく回復基調にある段階ではあれこれと手を広げる時期ではなく、自社の得意とする分野で体力をつけてからチャレンジャーを叩き始めても、規模の差を考えれば遅くないと判断した上での熟慮されたプロダクト戦略と言えるのです。

ケース2 なぜ、『なか卯』は、親子丼を前面に押し出すのか?

～経営戦略、マーケティング戦略の両面から、最適化を考える～

親子丼の大幅なリニューアルに取り組んだ『なか卯』

丼ぶりと京風うどんなど味にこだわったメニューが人気を博している『なか卯』が、２０１７年7月27日からメインメニューである親子丼をリニューアルしました。既存のミニ、並、大盛りの鶏肉は、お値段そのままで25%増量してお得感を演出。さらに新たに特盛をラインナップに加え、「他のメニューに加えて、ちょっと食べたい」という顧客から「親子丼だけをガッツリ食べたい」という顧客まで幅広いニーズに対応することで親子丼の売り上げアップを目指していきます。大々的にテレビＣＭも展開し、「親子丼のなか卯」を前面に押し出したプロモーションが繰り広げられました。

もともと『なか卯』は、1969年に創業者である中野一夫氏が、大阪府茨木市の駅前のビルの地下で手作りうどん店を開業したところからその歴史がスタートします。その後、1974年に初の牛丼店を大阪梅田の地下街に出店。牛丼をメニューに取り入れたことにより躍進のきっかけを掴みます。1989年には関東進出も果たし、1999年にはジャスダックに上場するなど、急成長を遂げることとなったのです。

そして、『吉野家』『松屋』『すき家』に次いで業界4位に躍り出た『なか卯』は、2005年、当時業界3位だった『すき家』を展開するゼンショーホールディングスに買収され、ゼンショーは『すき家』と『なか卯』を合わせて『松屋』を抜き去り、M&Aによって業界2位への躍進を果たします。

ゼンショーはその後も積極的な拡大路線に走り、2008年には『すき家』単独で1位を獲得するなど牛丼業界での地位を確固たるものにします。一方、『なか卯』も2016年12月末現在で全国に465店を展開し、売上高も312億円に達するなど順調に成長を遂げているのです。

このように、うどんで始まり、牛丼で躍進を遂げた『なか卯』ですが、今回の親子丼のリニューアルにより、「親子丼のなか卯」を前面に押し出して事業を展開していくとのこと。

一体、この背景にはどのような理由があるのでしょうか?

経営戦略の視点から「なぜ、『なか卯』といえば親子丼なのか?」を考える

まず、「なぜ、ゼンショーは『なか卯』を親子丼の店として世の中に認知してもらいたいのか?」という疑問に対して、その背景を考えていくことにしましょう。その理由としては、「経営戦略の観点から最適な事業ポートフォリオを築くことを目指している」ことが考えられます。

事業ポートフォリオとは、「ヒト」「モノ」「カネ」という経営資源を豊富に持つ大企業が全社戦略としてその経営資源を適切に様々な事業に投資し、事業上のリスクを低減する方法です。わかりやすく例えて言うなら、1つのかごに卵をまとめて入れておけば、かごを落としたときにすべてが割れて食べられなくなってしまいます。しかし、複数のかごに分けて卵を入れておけば、たとえ1つのかごを落として卵をダメにしても他の卵は無事で被害を最小限に食い止めることができるというわけです。

たとえばソニーは、当初AV機器メーカーとして事業をスタートさせますが、今ではゲー

ムや金融など様々な事業をそのポートフォリオに加えてきています。数年前、本業のＡＶ機器事業は韓国や中国の格安製品に押されて壊滅的な被害を受けますが、変わって成長したゲームや金融サービスの収益で屋台骨を支え、何とか危機的な状況を乗り切ったという事例もあります。

「ビジネスの一寸先は闇」という状況の中で、このように事業ポートフォリオでリスクの分散を図る手法は、どのような企業にとっても重要な経営戦略となるのです。

この事業ポートフォリオを検討する上で、やはり事業間のシナジーの最大化を図ることは、成功を収めるために欠かすことはできません。

そこで、ゼンショーの事業ポートフォリオを見渡してみると、もともと『なか卯』がスタートしたうどん事業では『瀬戸うどん』が、そして躍進の立役者となった牛丼事業では日本一の『すき家』が控えていますので、うどんや牛丼を前面に押し出せば事業ポートフォリオとして重なりが生じ、最適化から遠ざかってしまいます。

そこで、『なか卯』はうどんや牛丼なども提供しながら親子丼のイメージを前面に押し出すことによって、事業ポートフォリオとしての重なりを解消して最適化を図ることができるようになるのです。

マーケティング戦略の視点から「なぜ、『なか卯』といえば親子丼なのか？」を考える

それでは続いてマーケティング戦略的に「なぜ、親子丼なのか？」という理由を考えてみましょう。

マーケティング戦略では、「**戦わずして勝つ**」が鉄則です。あえてライバル企業に競争を挑むよりも、競合のいない空白地のマーケットを探し出して事業を展開する方が楽に成功できるからです。この競合のいないマーケットを探す戦略は、マーケティング戦略の中でも「**ポジショニング戦略**」と呼ばれます。

そこで、ポジショニング戦略的に、外食産業を見渡していけば、『なか卯』の創業時からのメニューで今でも看板メニューの一角を成すうどんは、『丸亀製麺』や『はなまるうどん』など新興勢力が台頭してきており、競争は激化の一途をたどっています。また一方で成長時の主力メニューであった牛丼はご存知のように『すき家』『吉野家』『松屋』の牛丼御三家がしのぎを削って激しい競争を繰り広げ、この三強の一角を切り崩すことさえ困難を伴うでしょう。

そこで、親子丼に目を向ければ、全国チェーンで看板メニューにしている企業はなく、まさに空白地帯なところに目をつけたのです。

マーケティング戦略では、その分野でオンリーワン、もしくはナンバーワンになればブランド効果で売り上げアップが見込めることから、「親子丼のなか卯」を標榜してライバル企業のいない独自のマーケットを切り開いて行くことを目指しているのです。

ケース3

なぜ、カルビーは成型ポテトチップス市場に参入したのか？

～ブランドエクステンションとリスク分散から新規参入分野を決定～

〝無風〟状態から風雲急を告げる成型ポテトチップス市場

スナック菓子マーケットで50％のマーケットシェアを誇るカルビーは、次の〝戦場〟として成型ポテトチップス市場に照準を定め、今やポテトチップスでは定番となっているうすしお味とコンソメパンチの2種類を投入しました。

成型ポテトチップスは、ヤマザキビスケットの『チップスター』と日本ケロッグの『プリングルズ』が市場を寡占し、ここ最近は年間200億円程度と〝無風〟と言っても過言ではない状態が続いていました。ここにポテトチップスだけで、年間800億円近い売り上げを叩き出し、マーケットシェアは73％を超えて圧倒的な知名度を誇るカルビーが殴り込みをかけてきたというわけです。

このカルビーの参入により、ここ数年で成型ポテトチップス市場は大きな変化の波にさらされることは想像に難くないでしょう。

急拡大路線をひた走るカルビー

成型ポテトチップス市場に満を持して参入したカルビーですが、２００９年６月にジョンソン・エンド・ジョンソンから松本晃氏を代表に迎えて以降、急速な拡大路線をひた走ってきました。

たとえば、２０１０年３月期には１４６５億円だった売り上げは、２０１６年３月期には２４６１億円まで成長。ここ６年で68％増という驚異的な伸びを記録したことになります。また、営業利益に至っては、２０１０年３月期の95億円から２０１６年３月期の２８１億円まで実に３倍近い水準を達成しています。

この業績の急拡大を支えてきたのが、従来の市場の掘り起こしと新たな市場への参入です。従来の市場の掘り起こしで大きな成功を収めたのが、シリアル食品である『フルグラ』

です。『フルグラ』は、もともと1988年に発売され、長い間売り上げは低空飛行を続けていましたが、新たに代表に就任した松本氏が『フルグラ』を試食した際に、他社製品にない香ばしさや食感が日本人にも受け入れられると直感し、大々的に売り出すことを決断します。2009年当時は、日本のシリアル市場はわずか250億円程度でしたが、積極的なマーケティング戦略が功を奏して『フルグラ』は日本の食卓に浸透し、2016年3月期には遂に年間売り上げが200億円を超えるカルビーの一つの柱にまで成長させることに成功したのです。

そして、カルビーは新たな市場へ参入し、さらに売り上げを拡大すべく『チップスター』や『プリングルズ』が寡占する成型ポテトチップス市場に照準を定めてきたのです。

実はカルビーが、成型ポテトチップス市場に参入するのは今回が初めてではありません。今を遡ること20年前の1998年に最初のチャレンジを試みているのです。

当時は自社ブランドではなく、ドイツの『チップスレッテン』という商品を、日本国内で製造・販売するOEM（他社のブランド製品を製造・販売する）という形を取っての参入でした。ところが、この最初の挑戦はあえなく失敗に終わり、わずか1年で成型ポテトチップス市場から撤退するという苦渋を味わうことになったのです。

つまり、今回はカルビーにとって2度目の挑戦となるわけです。

なぜ、カルビーは成型ポテトチップス市場に照準を定めたのか？

さて、それでは、なぜカルビーは再び成型ポテトチップス市場に参入することを決定したのでしょうか？

その戦略的背景を探っていくことにしましょう。

①「ブランド・エクステンション」で成功しやすい

新たな市場に参入するにあたって、早急に結果が出せるかどうかは重要な要因になってきます。その点、カルビーはポテトチップス市場で圧倒的なシェアを誇り、その結果としての高い知名度が強みと言えます。ですから、たとえゼロからのスタートであったとしても、ポテトチップス市場におけるブランド力を活かして、早急に成型ポテトチップス市場においても橋頭《きょうとう》堡《ほ》を築くことはそう難しいことではないでしょう。

このようにすでに確立しているブランドを利用して新たなマーケットに進出する戦略は

図表4　ブランドエクステンション

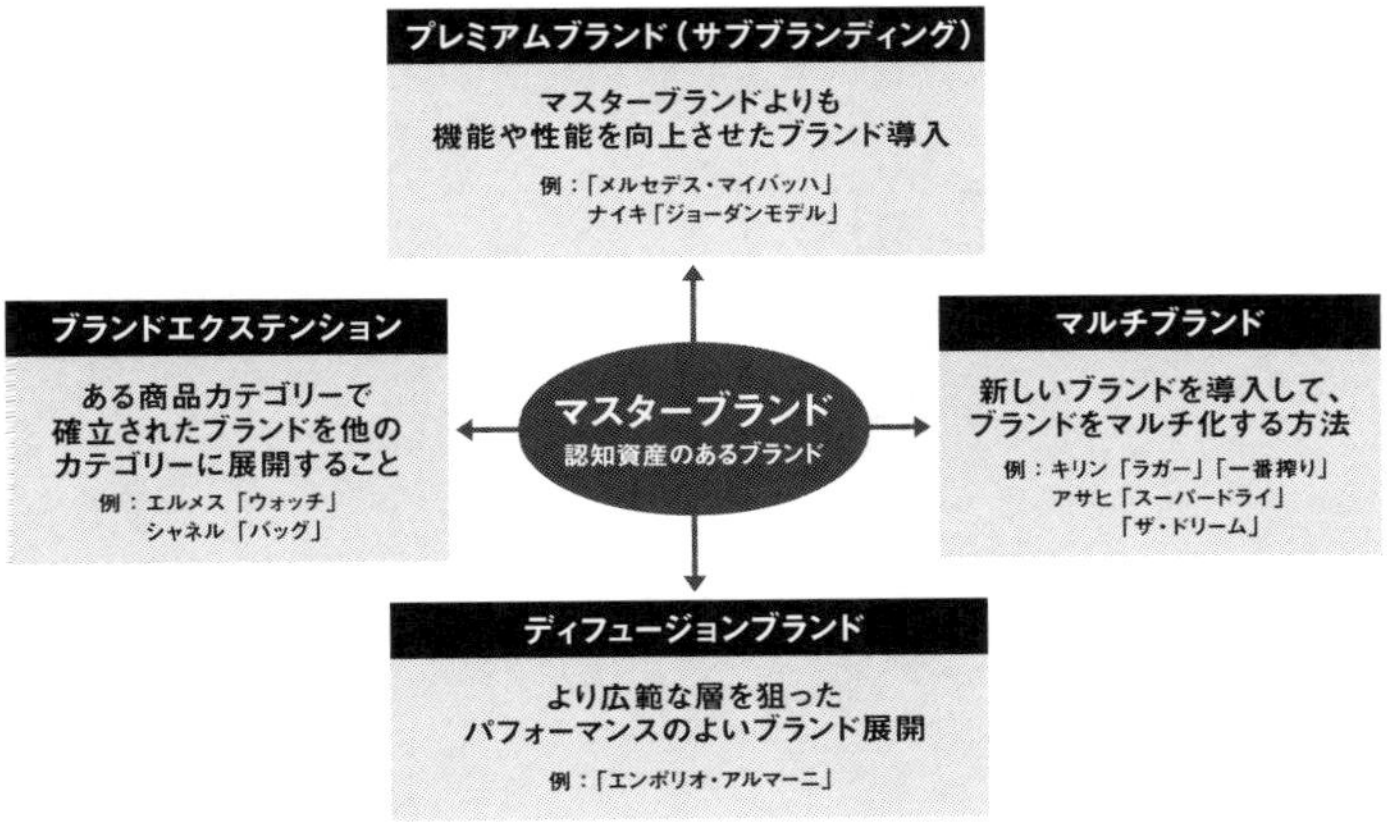
プレミアムブランド（サブブランディング）
マスターブランドよりも
機能や性能を向上させたブランド導入
例：「メルセデス・マイバッハ」
ナイキ「ジョーダンモデル」
ブランドエクステンション
ある商品カテゴリーで
確立されたブランドを他の
カテゴリーに展開すること
例：エルメス「ウォッチ」
シャネル「バッグ」
マスターブランド
認知資産のあるブランド
マルチブランド
新しいブランドを導入して、
ブランドをマルチ化する方法
例：キリン「ラガー」「一番搾り」
アサヒ「スーパードライ」
「ザ・ドリーム」
ディフュージョンブランド
より広範な層を狙った
パフォーマンスのよいブランド展開
例：「エンポリオ・アルマーニ」

「ブランド・エクステンション」と呼ばれ、ビジネスでの成功確率を高めるために多くの企業で活用されています。

カルビーにとって好都合なのは、成型ポテトチップス市場は比較的小さく、規模的に強力なライバルが存在しないことです。つまり、正面から戦いを挑んでも勝つ確率は高いと踏んで市場参入を決定したのです。

実際にカルビーは、初年度からマーケットシェア10%に相当する20億円以上の売り上げを目指し、2020年までには100億円の売り上げを達成してマーケットシェアトップを奪取する算段を立てています。

②リスク分散が図れる

カルビーの成型ポテトチップス市場参入は、「リスク分散を図る」という意味合いも含まれています。

今や年間800億円を売り上げ、マーケットシェアの73%を占めるポテトチップスは、その原料の大半を北海道のジャガイモに頼っています。野菜という自然の恵みだけに、天候に左右されることは避けられずに、カルビーは安定的に原料を確保できるかに日頃から頭を悩ませているのです。

実際、2017年8月には北海道を襲った台風の影響でジャガイモの生産量が予想外に落ち込んで、カルビーは9月に発売を予定していた新商品4品の発売延期を決定する事態も起こっています。

これに対して『ポテトチップスクリスプ』は、海外の乾燥ジャガイモを原料にしており、現状の調達先とは異なります。つまり、天候不順で既存のポテトチップスを生産するためのジャガイモが調達できなくなったとしても、調達先が異なるためにクリスピーの生産は影響を受けずに、すべてのポテト系のスナックの生産ができないというリスクを避けることが可能になるのです。

③成長が期待できる

カルビー自体は成型ポテトチップス市場において、『チップスター』や『プリングルズ』のシェアだけを奪って売り上げの拡大を図るわけではありません。成型ポテトチップス市場は、ここ数年200億円程度で伸び悩んでいますが、自社が参入することによって市場が活性化され、大きな成長が見込めると期待しているのです。

シリアル市場で、『フルグラ』のマーケティングに力を入れることにより、市場が急拡大したのと同じように、成型ポテトチップス市場も拡大することができれば、今後『ポテトチップスクリスプ』は1つの大きな柱に成り得ると確信しているのでしょう。

そんな将来の期待も、あえて新たな市場へ参入した大きな理由と言えるでしょう。

ケース
4

任天堂はなぜ、ファミコンの復刻版を発売するのか？

～かつてのファン客の掘り起こしに有効な復刻版商品の投入～

伝説のゲーム機『ファミコン』の復刻版が大ヒット！

任天堂は２０１６年11月10日、１９８０年代に爆発的なヒットを記録した家庭用ゲーム機『ファミリーコンピューター』（通称ファミコン）の復刻版『ニンテンドークラシックミニ　ファミリーコンピュータ』を発売しました。

復刻版といっても、かつてのファミコンそのままではなく、デザインこそ当時のままですが、サイズをおよそ60％まで縮小し、手のひらに乗るような大きさまで小型化を図りました。ソフトはかつてのカセット式ではなく、本体に『スーパーマリオブラザーズ』や『ドンキーゴング』など大ヒットした30タイトルを収録し、追加はできないような仕組みになっています。

ファミコンの復刻版発売のニュースは、ＳＮＳを中心に発売前からかつてのゲームユーザーの間で話題になりました。そして、発売されるやいなや購入者が殺到して、入手しづらくなるほどのヒットを記録したのです。

任天堂はまた、日本だけでなくアメリカなど海外でもファミリーコンピューターの復刻版を発売しており、こちらも２０１６年11月28日現在、アマゾンでは定価59・99ドル（約６７００円）に対して２２９・99ドル（約２万５０００円）の高値で販売されるなど、世界中でブームが過熱して品薄状態となっているのです。

ファミコンの復刻版は任天堂を救うか？

ここ数年、任天堂はスマートフォンのゲームに主要顧客を奪われ、苦戦が続いてきました。２００９年度には１兆８０００億円を超える売り上げを記録しましたが、ここ最近は５０００億円程度とピーク時の３分の１程度にまで落ち込んでいます。特に２０１２年度から３年間は大幅な営業赤字を記録するなど、業績は危険水域に達し経営が危ぶまれていたのです。

　このような業績不振に対し、任天堂は成長著しいスマートフォンのゲーム市場への参入を決断します。そして、第一弾として２０１６年３月にリリースしたのがコミュニケーションアプリ『Miitomo』。続いて、２０１６年７月にはアメリカのナイアンティック社と株式会社ポケモンに協力する形で『ポケモンＧＯ』のリリースに関わります。そして、２０１６年９月のiPhone新作発表会では、任天堂のゲームプロデューサーがユーザー待望のアプリ『スーパーマリオラン』のリリースを発表し、ファンを大いに沸かせました。

　任天堂は、他にも２０１７年３月にはWii Uの後継機種となる次世代機『Nintendo Switch』（ニンテンドー　スイッチ）を発売しており、スマホアプリ、次世代機と共に復刻版も任天堂復活の命運を託されていると言っても過言ではないでしょう。

なぜ、復刻版は売れるのか？

　〝伝説のゲーム機〟ファミコンの復刻版は予想を上回るヒットを記録しましたが、一般的に復刻版は新製品を投入するよりも確実にヒットが見込めるとされています。

その理由として、かつての多くのファン顧客が懐かしさから思わず衝動買いしてしまうことが挙げられます。しかも初代ファミコンのメインユーザーは40代から50代であり、かつて夢中になった30タイトルのゲームが遊べて、価格が6000円程度であれば、躊躇なく購入するということも十分に考えられるのです。

この復刻版については、何もゲーム機だけでなく、食品やファッションなど多くのカテゴリーでかつての人気商品を忠実に復刻し、ファン客の注目を集めています。

たとえば、1995年に発売されたNIKEのスニーカー『エアマックス95』は当時爆発的なヒットを記録して入手が困難になり、履いている人からスニーカーを奪うという〝エアマックス狩り〟が横行するなど社会問題にまで発展しました。この『エアマックス95』も、2015年には20周年を記念して復刻モデルが発売されると大きな話題となりました。

このような観点に立てば、復刻版の投入はかつてのファン客の掘り起こしに有効なマーケティング戦略と言えるのです。

任天堂の復刻版戦略を考える

それでは、任天堂がこれまでのヒットゲーム機を復刻し、かつてのファン客を呼び戻すためにどのような戦略が考えられるでしょうか？

まず、今回のファミコンの復刻版では、売り切り型でなく、ソフトが追加できる機能があればまだまだハードも売れる上に、ソフトの売り上げも上がるのではないでしょうか。『ニンテンドークラシックミニ　ファミリーコンピュータ』は、本体だけで昔懐かしい30タイトルのゲームが遊べますが、追加はできません。Wii Uなどでもバーチャルコンソールとして、５００円程度でダウンロードして遊べるファミコンのゲームが１４７本あることを考えれば、同じようにニンテンドークラシックミニでも５００円程度で追加できれば、本体の付加価値も高まり、さらなる人気に火をつけることも十分に考えられます。

また、ファミコンは全世界で６１９１万台を売り上げましたが、続くゲーム機もかなりの売り上げを記録しています。そこでスーパーファミコンの小型復刻版など、次々とかつてのヒットゲーム機の復刻版を出すことも有効と言えるでしょう。

復刻版のメインターゲットは、「最新のゲーム機は持たないが、かつて慣れ親しんだゲーム機が手頃な価格で買えれば欲しい」というユーザーになります。なぜなら、最新のゲーム機を持っていれば先ほどもお伝えしたバーチャルコンソールという仕組みで、ファミコンなど昔のゲーム機のソフトが1本あたり500円程度で購入できるので、あえて新たにハードを買い直す必要はないからです。

つまり、復刻版は任天堂から離れていった優良顧客を再び取り戻し、新たなゲーム機へつなげる有効な戦略商品になってくるのです。

このように、復刻版に力を入れて、かつてのファン客を呼び戻し、最新鋭の機種へつなげていくことができれば、好循環のサイクルが生み出されるというわけです。

ケース５

なぜ、『ジャパネットたかた』は商品ラインナップを9割削減したのか？

〜ネット販売の常識〝ロングテール〟の超〝逆張り〟戦略〜

取扱商品の9割以上の削減を決定した『ジャパネットたかた』

無店舗型販売大手の『ジャパネットたかた』は、現状約８５００種類ある取扱商品を２０１６年７月までに９割以上削減し、約６００種類にまで絞り込むことを発表しました。

これまで同社は、高田明前社長の下、少品種大量販売でのバイイングパワー（大量購入による、仕入れ先への強力な価格交渉力）を武器にした手頃な価格の商品を、社員が徹底的に議論し、消費者に受け入れるものだけを厳選して、通信販売やテレビショッピングで販売するというビジネスモデルを展開してきました。その一方で、ネット販売では取扱商品が増え続け、約８５００種類まで膨らんでいたのです。

販売点数が増え過ぎれば、1点1点の丁寧な説明も難しくなり、ただ単に商品の画像と価格、簡単な機能の紹介に留まっていたことから、その他大勢の商品は売り上げへの貢献度が低いと判断し、売れ筋だけに絞って商品点数を劇的に減らす決断を下したと言えます。

商品点数を約６００点に絞り込むことにより、全商品に45秒の商品説明動画をつけるなど、より個々の商品の価値を訴求することが可能になる上に、取扱製品すべての在庫を確保して迅速に配送対応ができるようになるなど、顧客サービスの向上も図れるようになるというメリットを狙っているわけです。

ネット販売、品揃えの定石は「ロングテール」

消費者がインターネットを通して気軽にショッピングを楽しむようになった昨今、プロダクト戦略としての品揃えの充実は激しい競争を勝ち残る上で重要な要因となっています。

たとえば、インターネットショッピングモール大手の楽天市場ではおよそ1億９４００点もの商品が出店する4万店以上の店舗を通して提供されていますし、ネット通販大手のアマゾンジャパンでは５０００万点を超える商品が販売されています。また、家電量販店のネット店舗では、ヨドバシカメラが４３０万点以上の商品を取り扱うなど、各社が桁違いの品揃えを実現しているのです。

それというのも、ネットの世界ではたとえ〝死に筋〟の商品でも品揃えに加えておくことで、たまたま必要になった顧客が商品名の検索を通して訪問して購入することも多く、それら購入頻度の低い商品の売り上げを足していくと年間では無視できない金額になっているということにつながるからです。

この現象は「**ロングテール**」（長い尻尾）と呼ばれ、今やネット販売を手がける企業の品揃えを検討する際のプロダクト戦略において、総売り上げをアップするセオリーとして受け入れられているのです。

なぜ『ジャパネットたかた』は商品数9割減という超〝逆張り〟戦略に出たのか？

ネット通販で売り上げをアップするセオリーが品揃えの充実ならば、なぜジャパネットたかたは商品数を9割以上も削減するという非常識な〝逆張り〟戦略に打って出たのでしょうか？

図表5 ロングテール戦略

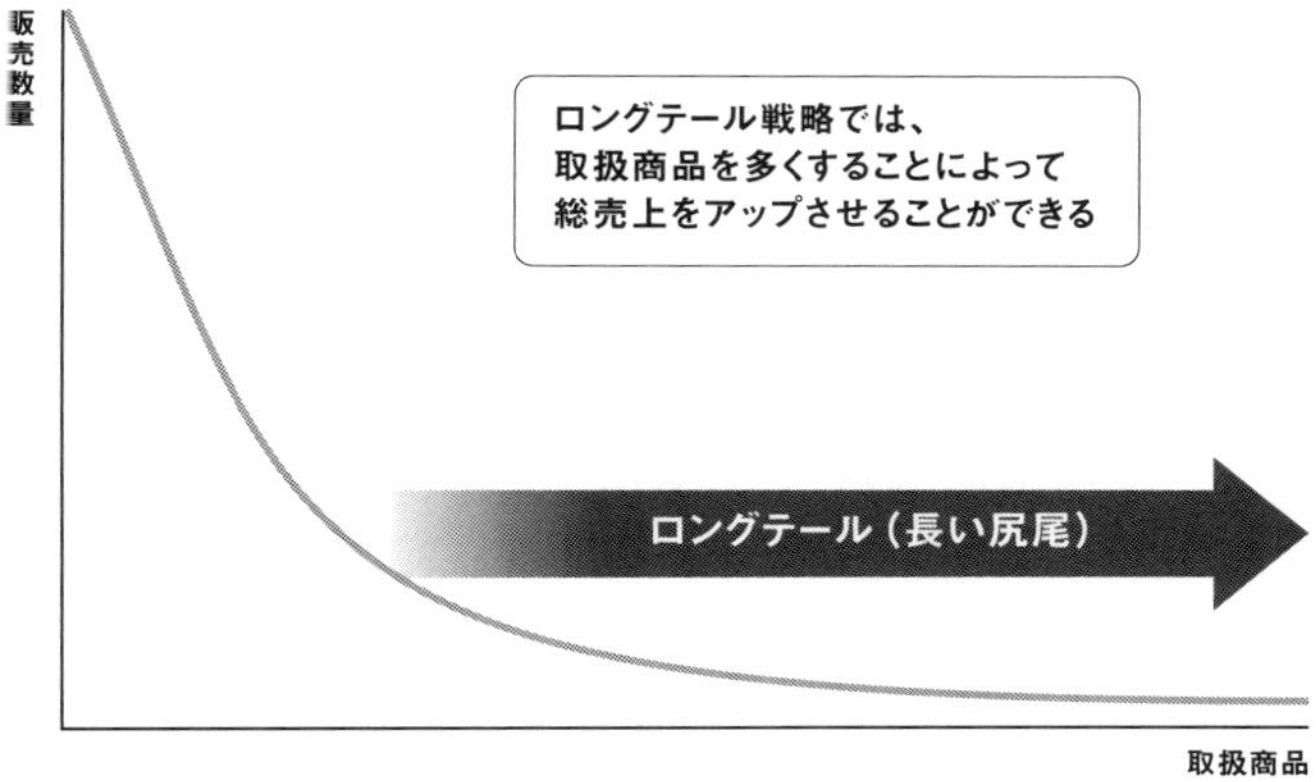
販売数量
ロングテール戦略では、
取扱商品を多くすることによって
総売上をアップさせることができる
ロングテール（長い尻尾）
取扱商品

一般的に商品の品揃えを絞り込む際には「2割の商品が8割の売り上げを上げる」という**「パレートの法則」**（2対8の法則）に基づいて行いますが、今回のジャパネットたかたの絞り込みはパレートの法則をも大幅に上回る絞り込みようです。

その理由として、まず1つには規模の競争を展開しても自社にとって不利だと決断を下したということが挙げられるでしょう。

ネット販売の分野では、『楽天市場』や『アマゾン』『ヤフー！ショッピング』といった超巨大企業が激しい争いを繰り広げています。『ジャパネットたかた』も今や大手企業と言えますが、その売上高は2015年12月期で1559億円に過ぎません。同期間の楽天市場の流通総額は2兆6822億円と圧倒的な規模の差があり、同じような戦略を採用して正面から戦っても勝ち目はほとんどないと言っても過言ではないのです。

また、ジャパネットたかたの販売手法として、最も売上構成が大きいのがカタログなどの紙媒体であり、次いでテレビ、インターネット、ラジオと続きます。つまり、ジャパネットたかたにとってインターネット販売の売り上げ構成は比較的低く、ロングテール部分を削ったとしても売り上げに対する影響力も比較的軽微だと判断したことも1つの要因と言えるでしょう。

最後に最も重要な理由として、ジャパネットたかたのビジネスに対する姿勢が挙げられます。

創業者である高田明元社長は、自社のビジネスについて次のようなコメントを残しています。

「私たちは単にモノを売っているのではなく、商品の先にある『暮らしの豊かさ』『暮らしの楽しさ』を提案しているのです。たとえばカラオケでこんな話があります。ある東北の家に嫁いだ若いお嫁さんがいて、当初は姑さんと会話が弾まなかったそうです。その姑さんはとてもカラオケが好きで、それならとご家庭でカラオケ機器を購入されたところ、二人で一緒に歌うようになり、お嫁さんと姑さんの仲がすごく良くなって、今はとても円満だそうです。そういう嬉しい感動を私はどんどん伝えたくなります。」

この高田明元社長のコメントからもわかるように、ジャパネットたかたではただ単に商品を販売するのではなく、その商品がどのようにお客さまに使われ、どのようにお客さまの暮らしを豊かで潤いのあるものにするかに重点が置かれているのです。

マーケティングの本質とは、ただ単に商品を販売して売り上げを上げるのではなく、**「顧客の満足度を高めた上で自社の収益を上げていく」**ことです。この観点に立てば、まさにジャパネットたかたは、〝**マーケティング・オリエンテッド**〟の企業、すなわち**「マーケティングがビジネスの柱となっている会社」**と言っても過言ではないでしょう。

その自社のマーケティング・ポリシーを貫くためには、ただ単に商品画像と価格と簡単な機能を説明したサイトでは、お客さまに自社のビジネスにかける想いが伝わりません。そこで、ネット店舗でもテレビ通販などと同じようにお客さまに1点1点自社が厳選した商品の価値を丁寧に説明することによって、戦略の整合性が図れ、顧客の信頼アップ、引いては売り上げアップにつなげていくことができるというわけです。

1点1点自社の社員が厳選した商品でお客さまに感動を届けるという自社の強みを活か

すという意味で、「商品点数を9割以上削減する」という超〝逆張り〟戦略に打って出たと言えるでしょう。

ケース6

なぜ、NTTドコモは『NOTTV』で失敗し、『dTV』で成功したのか？

～価格の安さと豊富なコンテンツ数、対象ユーザーの拡大が勝因～

携帯放送事業から撤退したNTTドコモ

ＮＴＴドコモは、２０１６年６月末で『ＮＯＴＴＶ』（ノッティーヴィー）サービスを終了しました。

『ＮＯＴＴＶ』とは、２０１２年４月に開局した日本初のスマートフォン向け放送局です。２０１１年７月の地上デジタル放送の終了に伴い、空きが生じた周波数帯に次世代携帯放送の枠が割り当てられ、１社のみの参入が認められました。この１つの枠を巡ってＮＴＴドコモ陣営と『ａｕ』ブランドを展開するＫＤＤＩ陣営が激しい参入争いを繰り広げた結果、最終的にＮＴＴドコモの事業案が認められ、総務省から放送事業者としての認定を勝ち取って始めたサービスが『ＮＯＴＴＶ』だったのです。

ＮＴＴドコモとしては、携帯電話事業が飽和する中、将来の主力事業と期待する放送事業への参入だっただけに、巨額の資金を投入します。ところが、事業は計画通りに進まず、初年度に２００億円を超える損失を計上すると、毎年赤字を積み重ね２０１４年度までには累積赤字がおよそ１０００億円にまで膨れ上がってしまいます。

当初は単年度の黒字化達成を３年から４年後と見積もっていましたが、会員数が目標６００万人に対して１５０万人程度と大幅な未達の状況では、損益分岐点の売上を超えることさえ難しく、今後の投下資金の回収も見込みが立たないことから、撤退という苦渋の決断に至ったのです。

なぜ、『ＮＯＴＴＶ』は失敗したのか？

なぜ、満を持して参入した放送事業でＮＴＴドコモは失敗してしまったのでしょうか？

その要因を考えて見ましょう。

①視聴するのに制限が多かった

まず、1つ目の要因としては、視聴に制限が多かったことが挙げられるでしょう。『NOTTV』はテレビ放送なので、視聴するにはチューナーが必要となります。そこでユーザーは、専用の端末もしくは外部チューナーを購入しなければなりません。ただ、専用の端末はNTTドコモからしか販売されないので、KDDIやソフトバンクの携帯電話を利用しているユーザーは別途専用のチューナーを購入して利用することになります。もちろん、KDDIやソフトバンクが積極的に『NOTTV』のサービスを販売することはあり得ないので、販売に苦戦することは当初から想定されていたことと言えるでしょう。

②有料で視聴したいと思うユーザーが少なかった

次に2つ目の要因として、テレビ番組にお金を支払ってまでサービスを利用しようというユーザーは少なかったことが挙げられます。

もともとテレビ番組は、コマーシャルがあるものの、無料で見ることができるというのが一般消費者の意識です。今では録画した番組を外に持ち出し、スマートフォンで見ることも簡単にできますし、ユーチューブなど無料の動画サービスを提供するサイトも複数あり、わざわざお金を払ってテレビ番組を見るということに価値を感じないユーザーが多いというわけです。

このような要因を踏まえれば、『ＮＯＴＴＶ』はほとんどのユーザーにとって、「どうしても利用したい」という強い欲求を刺激するサービスではなく、会員の獲得が思うように進まなかったのは、決して不思議なことではないと言えるのではないでしょうか。

好調を維持する『ｄＴＶ』は、なぜ成功したのか？

『ＮＯＴＴＶ』というテレビ放送事業では大きな失敗に終わってしまったＮＴＴドコモですが、一方で有料動画配信サービスでは大きな成功を収めています。

それが、動画見放題サービスの『ｄＴＶ』です。

現状、動画見放題サービスは、『ネットフリックス』や『フールー』など、海外勢を含めて、非常に激しい競争が繰り広げられるホットなマーケットになっていますが、その中で５００万人以上の会員数を誇る『ｄＴＶ』は頭一つ抜け出しています。

それでは、なぜ『ｄＴＶ』は成功することができたのでしょうか？　その要因を考えてみましょう。

①価格の安さと豊富なコンテンツ

まず、１つ目の要因はやはり価格の安さと豊富なコンテンツでしょう。『ネットフリックス』や『フールー』など主要なライバル企業が動画見放題で月額１０００円程度を設定する中、『ｄＴＶ』はその半額の５００円という驚くべき低価格に設定しています。加えて、追加料金が必要な有料コンテンツも含めれば12万本と国内最大級のコンテンツ数を誇っていて、この価格の安さと豊富なコンテンツでユーザーを魅了しているのです。

②対象をドコモユーザー以外に広げた

また、２つ目の要因としては、対象をドコモユーザー以外に広げたことが挙げられます。『ＮＯＴＴＶ』の場合は、ほぼドコモユーザーという限られたマーケットでの事業展開でしたが、『ｄＴＶ』ではサービスをドコモユーザー以外に広げることにより、格段にマーケットを大きくすることに成功したのです。

顧客はスマートフォンのアプリだけでなく、パソコンや専用端末を購入すればテレビでも『ｄＴＶ』を楽しむことが可能となり、サービスを利用するための制約の多くが取り払われ、どんな顧客にとっても利用しやすい環境が整ったことも大きな要因と言えるのです。

『dTV』は成功し続けることができるか？

さて、有料動画配信サービスで圧倒的なシェアを占めて好調を維持する『ｄＴＶ』ですが、このまま成功を収め続けることができるのでしょうか？

結論から言えば、ＩＴ業界では栄枯盛衰が激しいだけに、いくらシェアの半分以上を占める『ｄＴＶ』といえども安穏としてはいられないでしょう。

脅威となる要因を考えてみましょう。

①有料動画配信サービスでの海外勢との競争

世界の有料動画配信サービスでトップに君臨する『ネットフリックス』は直接の強力な

ライバルですが、資本力にものを言わせて、クオリティの高いオリジナル作品の制作に力を入れています。日本では、お笑い芸人・又吉直樹氏の小説『火花』の映像化の権利を勝ち取り、すでに配信を始めて多くのユーザー獲得につなげています。

同じく海外勢である『フールー』もコンテンツの充実に余念がなく、今後も定額の動画見放題サービスは高いレベルでの激しい競争が繰り広げられることが予想されるのです。

②インターネットテレビ局の台頭

また、違うジャンルからも『dTV』を脅かす存在がすでに現れています。

その1つが、無料で利用できるインターネットテレビ局です。

サイバーエージェントとテレビ朝日との合弁で2016年4月から放送を開始したインターネットテレビ局『AbemaTV』が急成長を遂げています。スマートフォンのアプリは、わずか3カ月で500万ダウンロードを達成。週間のアクティブユーザーも244万件と非常に高いのが特徴です。

サイバーエージェントの藤田晋社長は、今後早期に週間のアクティブユーザーを1000万人、日々のアクティブユーザーを300万人から500万人にまで高め、マスメディアを目指していくと自信満々に宣言し、もしこの目標が実際に達成されるのなら有料動画配信サービスから顧客を奪う大きな要因となりそうです。

また、『ＡｂｅｍａＴＶ』以上に『ｄＴＶ』にとって脅威となりそうなのがアマゾンの『プライムビデオ』ではないでしょうか。

『プライムビデオ』とは、年会費３９００円を支払えばさまざまな特典が受けられる、アマゾン独自のサービスである「プライム会員」を対象とした動画見放題サービスです。動画の数こそ４０００本程度と『ｄＴＶ』には適いませんが、プライム会員向けのサービスの一環であり、別途費用を負担する必要がないところに大きなメリットがあります。

アマゾンのプライム会員は、動画見放題の『プライムビデオ』だけでなく、通常1回514円かかる当日お急ぎ便が何度でも無料で利用できるほか、音楽聞き放題サービスや大幅に値引きした会員限定のプライムセールなど、お得感満載のサービスが利用できるのです。会費は月額に直せばわずか３２５円であり、低価格の『ｄＴＶ』よりもさらに安い価格設定になっています。

『プライムビデオ』では、海外の人気ドラマや最新の映画などのラインナップを揃えているだけに、もし見たい動画が『ｄＴＶ』と重なるようであれば価格やサービスの充実度を比較してアマゾンプライム会員を選択する顧客も少なからずいることでしょう。

このような競争環境を踏まえれば、『ＮＯＴＴＶ』の失敗から得た教訓を『ｄＴＶ』で活かして成功を収めているＮＴＴドコモといえど、今後も会員数を増やし続け、インターネット上の動画提供サービスで圧倒的な勝利を収めることができるかどうかは未知数と言っても過言ではありません。

ＩＴの世界は短期間で勢力図が変わる可能性もあるだけに、ＮＴＴドコモとしては引き続きユーザーのニーズの変化に注意しながら、適切なマーケティングに取り組んでいく必要があると言えるでしょう。

第2章　まとめ

本章では、様々な企業のプロダクト戦略をお伝えしてきましたが、このプロダクト戦略を立てる際に重要になってくるのは、「顧客が望むベネフィットは何かをまず考えること」でしょう。

ベネフィットを簡単に説明すれば、「自社製品やサービスを通して顧客が得られるメリット」と言えるでしょう。

たとえば、マーケティングの世界には「顧客が欲しいのはドリルではなく穴である」という言葉があります。ドリルを購入する顧客はドリルという機械が欲しくて購入するのではなく、「そのドリルを使って簡単に穴をあけることができる」というベネフィットを購入しているというわけです。

この「ベネフィットとは顧客のニーズを満たすものである」ということを踏まえれば、やはり顧客のニーズをしっかりと把握した上で提供できるベネフィットを考えていくことが顧客に求められる製品やサービスを生み出すポイントになるのです。

プロダクト戦略とは、「顧客が何を望んでいるのか」を把握し、適切なタイミングでソリューションを提供していく活動です。自分の満たされていない状況を解消してくれる解決策を企業側から提案され、なおかつ価格が許容範囲に収まっていれば、顧客が買わない理由はないと言っても過言ではないでしょう。プロダクト戦略では、このようにまず「顧客が真に望んでいるのは何か?」というニーズを正確に把握することが重要なカギを握るのです。

また、プロダクト戦略を検討する際には、マーケティングの第一人者であるフィリップ・コトラー教授の考案した3層モデルを活用することができます。3層モデルとは、製品やサービスの価値を決定づける要因を、①中核、②実体、③付随機能の順番に考えていくフレームワークです。

まず、プロダクトの中心にあるのは、「中核」と呼ばれる要素です。これは企業が顧客に提供できるベネフィットです。たとえば、ホテルであれば「寝泊まりするスペース」と言えるでしょう。

続く2つ目の層は「実体」と呼ばれる要素になります。具体的に言えば、その製品自体の特徴やデザイン、品質水準、ブランド、パッケージなどが該当します。つまり、この2

図表6　プロダクトの階層

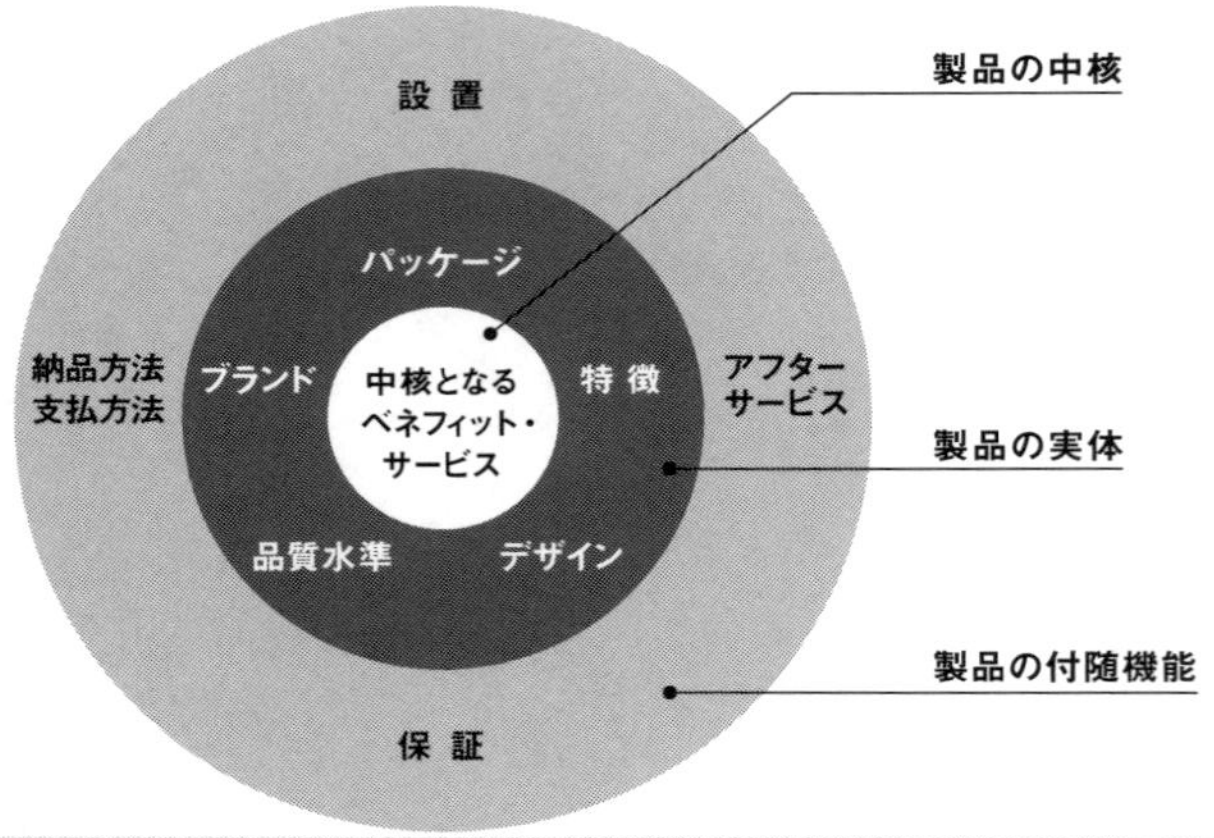

層目では、サービス概要や製品の見た目や機能を考えていくのです。ホテルで言えば、「部屋の広さはどうするか?」「ベッドの大きさと数は?」「バス・トイレはどうするか?」などホテルの部屋自体を設計していくのです。

そして、最後の3つ目の層は「付随機能」と呼ばれる要素です。この3つ目の層では、さらなる付加価値を検討していきます。アフターサービスや保証、納品およびクレジット、設置などを考えていくのです。ホテルであれば、アメニティを高級感溢れるものにしたり、朝食を豪華なビュッフェスタイルにしたりすることによって、付加価値を高めていくことができるでしょう。

プロダクト戦略を立てる際には、このように中核になるベネフィットを中心に、実体や付随機能をどのようにするのかを検討することによって、自社のビジネスに最も適した製品を生み出すことができるでしょう。

第３章

なぜ、ドミノピザは持ち帰りだと半額になるのか?

～プライス戦略の「なぜ？」「どのようにして？」～

価格は顧客の購入判断に大きな影響を与えます。いくら素晴らしい商品を販売していても、価格が高すぎれば顧客は購入を躊躇し、売り上げが伸びることはありません。そのような意味で、顧客が思わず欲しくなるような絶妙な値づけが重要度を増してきます。一方、企業側から見れば、価格は利益に直結してきます。低価格で販売すれば売り上げが増えることはわかっていても、最終的に利益につながらなければ経営破綻という憂き目に遭うことさえあるのです。

本章では、ドミノピザやかっぱ寿司、すき家などのケースを取り上げながら実践的なプライス戦略を掘り下げていきます。

ケース
1

なぜ、ドミノピザは持ち帰りだと半額になるのか？

～営業効率の向上と、宅配ピザ業界の特殊事情が実現させたプライス戦略～

「お持ち帰り限定！　１枚買うと、もう１枚無料！」で快進撃を続けるドミノピザ

ドミノピザが快進撃を続けています。宅配ピザ業界は、現状１３００億円程度の市場規模と推測されますが、業界トップのピザーラの売上高が２０１５年11月期で３８４億円、２位のドミノピザが２０１６年６月期で３３４億円、そして３位のピザハットが２０１６年３月期１５４億円と三つ巴の激しい争いを繰り広げているのです。

この３社のうち、最も勢いがあるのがドミノピザと言えるでしょう。

富士経済の『外食産業マーケティング便覧２０１２　No.１』によれば、２０１２年当時、宅配ピザ業界の売り上げは、ピザーラが４３２億円、ピザハットが２５６億円、そしてド

ミノピザが218億円であり、この数年間でドミノピザは大手3社の中で唯一売り上げを伸ばし、遂に業界トップのピザーラの背中が見えるところまで肉薄して来ていることがわかります。

このドミノピザ躍進に大きく貢献しているのが、「お持ち帰り限定！ 1枚買うと、もう1枚無料！」というプロモーション戦略です。つまり、ドミノピザの店舗までピザを取りに行けば、2枚購入しても1枚分の代金で済むのです。

ドミノピザのメニューは安いものであればプレーンピザがMサイズで1100円、高いものでLサイズが3950円（共に税抜価格）なので、この特典を利用すれば最も安いピザはMサイズ1枚当たり550円、そして最も高いものでもLサイズで1975円となり、通常高い価格の宅配ピザをとてもお得に購入できるのがドミノピザに人気が集まる秘訣と言えるでしょう。

この人気の高まりを受けて、ドミノピザは積極出店を続けており、年間50店舗近く店舗を増やし、今や472店舗（2017年1月20日時点）と業界首位のピザーラの553店舗（2016年6月末時点）をも追い越す勢いなのです。

なぜ、ピザを1枚買えば1枚無料にするのか？

さて、ドミノピザ躍進の立役者とも言うべき「1枚買えば1枚無料」のプロモーションですが、なぜこのような割引を提供するのでしょうか？

理由としては、2つ挙げられます。

1つは、当然ですが**より多くの売り上げを上げる**ためです。「1枚買えば1枚無料」ということは、同じ商品を購入した場合、半額ということになります。ここで商品を半額で販売すると、1つで満足する顧客が多く、顧客数自体が飛躍的に増えなければ、売り上げは減少することにつながります。そこで1回購入あたりの顧客単価を維持するには、1枚半額よりも、2枚で1枚分の料金というプロモーションの方が効果的なのです。

もう1つは**コストがトータル的に安くなる**という理由です。1人に1つ販売するのと、2つ販売するのでは、原材料などの変動費は倍かかりますが、接客時間などにかかる人件費や賃料など固定費の部分は追加コストが少なくて済み、結果として利益向上につながるというメリットがあるのです。

このような「1つ買えば1つ無料」というプロモーションは「Buy One Get One Free」と呼ばれ、アメリカではさまざまな業界で活用されています。日本でもドミノピザだけでなく、大手の紳士服チェーンが「スーツを1着買えば、2着目無料」といったキャンペーンで成功を収めています。

割引を〝持ち帰り限定〟にする宅配ピザの特殊な事情とは？

ドミノピザが「1枚買えば1枚無料」を展開する理由を2つ述べましたが、実のところ、持ち帰りに限定したことには宅配ピザ業界特有の事情があります。

そのポイントは、持ち帰りを条件にすることによって、宅配が必要なくなるということです。

①人件費がコストで大きなウェイトを占めている

宅配ピザ業界のコスト構造は、バイトなどの人件費が大きなウェイトを占めています。宅配ピザは注文を受けてから、大体5分から10分でピザを焼き、20分から30分かけて配達するというのが標準的なパターンでしょう。ここで配達のプロセスに着目すると、一人の配達員が往復40分から1時間かけて顧客にピザを届けているということになります。

たとえば、ここでバイトの時給を1時間当たり1200円とすると、配達だけで800円から1200円のコストがかかるということになります。さらにこの人件費に加えて、ガソリン代や配達中の交通事故のリスクを考えれば、1枚無料にしたとしても宅配が必要なくなるメリットは大きいと言えるのです。

②ピザの原価が非常に安い

もう1つ、ピザの原価自体が非常に安いという点が挙げられます。宅配ピザの原価は、飲食業界の目安が30％程度とされるなか、15％から20％程度と言われています。つまり、3000円のピザであれば具材などの原材料費は450円から600円程度に過ぎないのです。特にドミノピザは業界トップのピザーラに比べ、Mサイズで直径2センチ、Lサイズで直径3センチ大きさが小さくなっており、わずかかもしれませんが、原価率が低いことは確かでしょう。

それでは、なぜ宅配ピザは低い原価率で高い価格設定を行っているのでしょうか？

それは、価格を安くし過ぎて注文が殺到すると、オペレーションに支障をきたすからです。宅配ピザはそのビジネスモデル上、注文が来ればピザを焼いて、顧客のところまで届けなければいけません。届けるには先ほどもお伝えしたようにコストがかかりますし、物理的にもキャパシティを超える注文は処理できません。そこで、意図的に価格を高めに設定して、注文数をコントロールし、最大の利益が上がるように調整しているのです。

一方、顧客が店舗にピザを取りに来る場合は、5分から10分程度の調理時間はかかるものの、配達の必要はありません。また、ピザの原価は低いので、「1枚購入すれば1枚無料」といった思い切った割引を提供することができるというわけです。

戦略は使い方を間違えれば問題につながることもある

2016年末、ドミノピザはトナカイを使った配達の企画がメディアで大々的に取り上げられ、注目を浴びました。実際にはトナカイを制御することが難しく、企画は実現しませんでしたが、クリスマスなどのイベントシーズンに注目度が高まった影響で予約や注文が殺到し、クリスマスイブには全国各地の店舗で受け取りの顧客が数時間も待たされるという大きな問題が発生してしまいました。

競合他社のピザーラやピザハットも混雑はしていたものの、ドミノピザほどでもないことを勘案すれば、「持ち帰り限定！　1枚買うと、もう1枚無料！」をはじめとした同社のプロモーションのレバレッジ（少ない労力でとても大きな効果を得ること）が効きすぎたことは明らかです。

確かに「1枚買えば1枚無料」というプロモーションの効果は計り知れないものがありますが、今後は注文が閑散なときに限るなど、使い方を検討しなければ、顧客が殺到しすぎて、逆にブランドを傷つけることにつながりかねません。

最近はSNSの発達で、口コミが瞬く間に多くの人に広がり、マーケティングが読めずに難しくなってきています。ドミノピザは低価格路線という大手3社の中で独自のポジションを追求しているだけに、この失敗を教訓にできれば、さらなる快進撃も決して難しいことではないでしょう。

ケース2

なぜ、かっぱ寿司は食べ放題を始めたのか？

～データに基づいた、採算割れしない大胆なプライス戦略～

試験的に食べ放題を開始したかっぱ寿司

回転寿司チェーン大手の一角であるかっぱ寿司が、お寿司の食べ放題を開始しました。

初回の食べ放題実施は試験的な意味合いが強く、２０１７年6月13日から7月14日の平日午後2時から5時まで、全国の20店舗限定での実施となりました。

お寿司をはじめ、ラーメンやお味噌汁といったサイドメニュー、デザートなど80種類以上が70分間食べ放題で、ドリンクバーを含めて、価格は税抜きで男性が１５８０円、女性１３８０円、65歳以上は９８０円、そして小学生未満は無料となっています。

また、希望すれば、ビールなどのアルコールも６８０円の追加で飲み放題となります。

この回転寿司チェーンで前代未聞の食べ放題を数多くのメディアが取り上げると、〝無料の宣伝効果〟を発揮し、開始と同時に多くの顧客が殺到して待ち時間が10時間以上に達するなど、かっぱ寿司としては予想を大きく上回る結果につながりました。

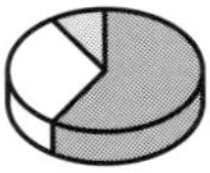

なぜ、かっぱ寿司は食べ放題を実施したのか？

大手回転寿司チェーンでは、これまでどこの企業も実施してこなかった食べ放題ですが、なぜかっぱ寿司はあえて新たな試みに挑戦する決断を下したのでしょうか？

その背景には、同社が大手回転寿司チェーンの中で唯一業績不振に陥っているという事情があります。

２０１７年３月期の決算は、売上高が前期比１・１％減の７９４億円、営業利益は赤字に転落してマイナス５億円、そして最終損益に至っては減損損失や法人税の負担が大きくのしかかり、58億円という巨額の赤字を計上してしまったのです。

このような危機的な状況を打開すべく、食べ放題という新たな試みをとりあえず20店舗で実験し、結果を検証して集客や収益向上に大きく寄与すると判断すれば、全国３４０を超える店舗に導入して巻き返しを図ろうという戦略なのです。

食べ放題で赤字は拡大しないのか？

ただ、気になるのは「食べ放題を実施することによって、コストが売り上げを上回り、赤字が拡大するのではないか？」ということでしょう。

回転寿司はただでさえ「原価率が高い」という構造的な問題を抱える業界なので、大食漢の顧客が大挙して押し寄せれば、文字通り〝食い潰される〟可能性も否定できません。

そこでかっぱ寿司が考えたのが、価格を平均単価より高めに設定し、昼と夜の間に閑散となる店舗を選んで食べ放題を実施することだったのです。

食べ放題の価格は、男性が１５８０円、女性が１３８０円なので、男性にとっては16皿、女性にとっては14皿が〝元を取る〟ラインとなります。

マルハニチロが行った『回転寿司に関する消費者実態調査２０１７』によれば、回転寿司店で食べる量は男性で平均10・8皿、女性で7・8皿になっています。また15皿以上食べる男性は全体の19・2％、女性に至ってはわずか4・4％に過ぎません。つまり、〝一般的な〟消費者にとって、かっぱ寿司の食べ放題の価格設定では〝元を取る〟ことが難しい水準となっているのです。

そうは言っても、食べ放題となれば、「無理をしてでも食べよう」という顧客もいるでしょうし、もともと大食漢の人が食べ放題に魅力を感じて店舗を訪れることもあるでしょう。そのようなお客は20皿や30皿は平気で食べてしまうこともあるかもしれません。

ただ、かっぱ寿司にとっては、お客のいない時間に食べ放題を行うことで通常は来店しない人を呼び込むことに成功したとすると、売り上げから原材料費などを引いた粗利段階で赤字が出なければ実施した方がいいという判断もできます。

ここで仮にかっぱ寿司の原価率を単純に50％とすれば、男性で32皿、女性で28皿が赤字になるラインと言えるでしょう。

そこで、先ほどのマルハニチロの調査に戻って統計を見てみると、30皿以上食べる男性はわずか1・6％であり、女性に至っては0％と1人もいません。

つまり、よほどのことがない限り、大半の顧客は14皿以上30皿以下の水準で収まり、お客は元を取れるけれども、かっぱ寿司にとっては粗利段階で赤字に陥る可能性は低いという計算が立つのです。

かっぱ寿司が描く復活シナリオは？

食べ放題を実施することによって、かっぱ寿司にとってはライバル他社に奪い去られた顧客を再び奪い返す大きなチャンスが到来しています。

実際に食べ放題を実施している店舗は多くのお客でごった返していますし、私自身食べ放題を実施していない店舗に行ってみましたが、メディアが取り上げたことによる宣伝効果で大きく賑わっていました。

かっぱ寿司の業績不振の要因は、「まずい」というイメージが多くの消費者の間で定着してしまったことです。

そこで、「食べ放題で注目を浴びて多くのお客が来店するにもかかわらず、完璧な接客と質の高いネタを提供することによって、顧客満足度を高めてリピートにつなげる」というシナリオを実現する必要があります。

逆に多くのお客で店舗オペレーションが混乱し、接客の質が低下したり、お寿司のクオリティが下がったりすれば、「やっぱり、かっぱ寿司は安かろう、悪かろうだったな」というイメージがさらに強化されて、二度と立ち直れない状況に陥ることにもつながるため、十分な注意が必要でしょう。

ケース3

なぜ、薄利多売のビジネスは急成長すると危うくなるのか？

～低価格戦略は短期の効果は大きいが、ビジネス環境の変化には弱い～

低価格を武器に事業を拡大してきた企業の倒産が相次ぐ

２０１７年4月28日、低価格のピザを武器に急成長を遂げていた遠藤商事・Holdings.が破産するというニュースが駆け巡りました。

遠藤商事・Holdings.は、ピザ焼き職人の技をシステム化し、窯焼きピザを1枚90秒で焼くことによって大幅なコスト削減を実現。わずか３５０円でマルゲリータピザを提供することで数々のメディアに取り上げられるなど話題となり、２０１０年に開始した事業は急成長を遂げ、２０１７年にはフランチャイズも含めおよそ80店舗にまで拡大していました。

一方で急拡大の歪みは資金繰りに現れ、出店費用やそれに伴う人件費、広告費などが増大して経営を圧迫していきます。また、膨れ上がる出費に比例するように銀行からの借入金も増え、限界にまで達していました。そして遂には、仕入れ先への決済や従業員への給料の支払いまで滞るようになり、最終的に破産を選択せざるを得ない状況に追い込まれてしまったのです。

また、同社の倒産から遡ること1カ月。2017年3月27日には格安ツアーを売りにした旅行代理店てるみくらぶも資金繰りに行き詰まり、破産申請を行っています。

てるみくらぶは、1973年創業の旅行代理店の一部事業を分社化するという形で1998年に事業を開始。格安のパッケージツアーを武器に業容を拡大させ、2016年9月期の売上高は195億円にまで達していました。

同社はこれまで、航空会社やホテルから、大量の座席や部屋を格安で仕入れて、パッケージツアーを組み、他社が追随できないような低価格で販売して、多くの顧客を獲得してきました。

ところが、インターネットの発達と共に、航空会社やホテルが自社のホームページで早期の予約に対して大幅なディスカウントを提示して、空席や空室を埋める仕組みを築いたり、航空会社がより小型の飛行機を導入し効率的な運航に努め始めたりした影響で、破格の値段での仕入れが難しくなり、コストは大幅に増加していきます。一方で値上げをすれば、安さに惹かれて利用してきた顧客離れが懸念されるために、赤字でも驚くような安さのパッケージツアーをやめることはできなかったのです。

同社は苦肉の策として、ツアーの申し込み者が現金で支払った場合に特別な割引を提供するというキャンペーンを実施し、早期の現金決済を促し、先にキャッシュを手にして、数カ月後に航空代金や部屋の決済を行うという自転車操業に陥っていたのです。

ただ、このような赤字を出してまでの自転車操業がいつまでも続くわけがなく、銀行や投資家からの資金調達の道が断たれた時点で、キャッシュが回らなくなり、経営破綻につながっていったのです。

薄利ビジネスのリスクが高くなる3つの理由とは？

この両社の共通点として、「**薄利ビジネスで事業を拡大してきた**」ことが挙げられます。顧客は低価格に魅了され、両社の提供する商品やサービスを選択するに至ったのです。

ビジネスにおいて、事業拡大する上で低価格は非常に強力な武器となりますが、低価格が薄利で成り立っている場合、そのリスクを十分に認識しておかなければ、両社のように経営破綻にまで追い込まれることがあります。

薄利ビジネスのリスクが高い要因としては次の３つが挙げられるでしょう。

①薄利は多売できなければ、ビジネスとして成り立たない

まず薄利は多売できなければ、ビジネスとして成り立たないということです。

たとえば、ピザ1枚３５０円で販売したときに、原材料費などの売上原価が70円だったとしましょう。そうすると、1枚当たり２８０円の粗利が出ます。ここで店舗の賃料が50万円、人件費が50万円、光熱費などのその他経費が40万円とすると、月間に５０００枚以上のピザを販売しなければ、利益が出ない計算になります。

つまり、低価格でなおかつ薄利であれば、かなりの量の商品を販売しなければ利益を上げることは難しいというわけです。薄利ビジネスでは、規模の利益が成功の重要な要素であり、それゆえ大企業など経営資源が豊富な企業でなければ持続させることは難しいビジネスモデルなのです。

②コストアップですぐに赤字に陥る

薄利ビジネスはまた、利幅が薄いためにコストアップがあれば、すぐに赤字に陥るリスクを孕《はら》んでいます。

たとえば、ピザであれば、小麦やチーズなどの原材料の価格が高騰すれば、さらなる利幅の減少につながりますし、旅行代理店であれば空席や空室の減少が仕入れ値アップにつながります。

このコストアップを価格に転嫁することができなければ、赤字での販売を余儀なくされるリスクも高まり、改善が見込めなければ、事業の継続さえ困難な状況に陥ることもあり得るのです。

③値上げすれば顧客が離れる

低価格を売りにしたビジネスでは、顧客は主にその価格に魅力を感じ、その企業の商品やサービスを選んでいるケースが多く、商品やサービス自体に愛着があるわけではありません。ですから、コストがアップした際に値上げをしたり、ライバル企業が値下げをしてさらに安い価格で販売したりするなど、価格面での魅力がなくなると、顧客は躊躇することなく別の商品やサービスにスイッチします。低価格を重視する顧客は、非常に価格に敏感で、特定の商品やサービスに忠誠心をほとんど示さないという特徴があるのです。

つまり、低価格を売りにしたビジネスでは、どんな環境でも最低価格を維持しなければ、顧客を引き留めておくことは難しく、薄利であればあるほど環境変化に弱く、ビジネス上のリスクは高まってくることにつながるのです。

低価格戦略は、確かにビジネスを成功に導く上で1つの効果的な戦略ですが、低価格が薄利の上に成り立っている場合は、大きな落とし穴に陥る前にそのリスクについて十分な認識をしておく必要があるでしょう。

ケース4

なぜ、『すき家』は1000円を超える〝高級牛丼〟を発売したのか？

～従来のイメージを一新させる〝戦略商品〟投入の裏に隠された意図～

1000円を超える高級牛丼を発売した牛丼業界の雄『すき家』

『すき家』は、２０１６年11月17日から期間限定で、１個１０８０円の『黒毛和牛弁当』を各店20個限定で販売しました。

この『黒毛和牛弁当』は、赤身と脂身の絶妙なバランスで旨みが凝縮された国産黒毛和牛を特製のタレで煮込んだこだわりの逸品です。『すき家』の牛丼は並盛で１杯３５０円（２０１８年1月現在）なので、およそ3倍の価格の〝高級牛丼〟と言えます。

この『すき家』の〝高級化路線〟への転換に、ネット上では「迷走している」とか「誰もすき家で１０８０円の牛丼など食べないから、売り上げアップにつながらない」など否定的な意見も散見されました。

ただ、『すき家』自身はこの『黒毛和牛弁当』で直接売り上げや利益アップを図る意図はなかったと思われます。それは期間限定で、各店わずか20個しか販売しなかったことからも明らかです。

『すき家』がこれまでの低価格戦略から超〝高級化路線〟に転じて、『黒毛和牛弁当』で売り上げアップを図るようであれば、より事業にインパクトを与えるような販売計画を策定するはずです。つまり、『すき家』にとって通常の牛丼のおよそ3倍の価格である1080円の高級牛丼は、何らかの意図を持った〝**戦略商品**〟ということなのです。

高級牛丼を利益度外視で発売した すき家の〝隠された意図〟とは？

それでは、『黒毛和牛弁当』の発売にはどのような意図が隠されているのでしょうか？浮き彫りにしていくことにしましょう。

①話題性――ギャップによるプロモーション効果

まず、１つ目の大きな意図は、話題性によるプロモーション効果を狙ったものと言えるでしょう。

これまで低価格の牛丼を販売してきた『すき家』がいきなり3倍以上の価格の牛丼を発売すれば大きなインパクトがあります。プレスリリースを流せば、多くのメディアでニュースとして取り上げられるでしょうし、このニュースを受けてＳＮＳやインターネットの掲示板などで盛り上がりを見せることでしょう。

つまり、コストをあまりかけることなく、より多くの人に『すき家』で高級牛丼が発売されることをプロモーションすることが可能になるというわけです。

②差別化――ブランディング

２つ目の意図としては、差別化によるブランディングにつなげたいという狙いが浮き彫りとなります。

牛丼業界はこれまで激しい価格競争を繰り広げてきました。『すき家』でいえば、かつては牛丼並盛１杯２４０円で提供したこともあり、「牛丼＝安物」というイメージが図らずも定着してしまいました。

また、回転寿司大手のくら寿司が「牛丼を超えた『牛丼』」をキャッチフレーズに、1杯399円で牛丼の提供を開始し、発売後わずか1カ月で50万食を売り上げるヒットを記録しました。2016年12月2日からは牛丼の売り上げを加速するために、半熟の卵を2つトッピングした『W温玉牛丼』を前倒しで投入し、3カ月で100万食という高い目標を掲げました。このように、従来のライバルとはまったく異なる企業も牛丼業界に殴り込みをかけてきているのが現状なのです。

牛丼業界において、従来の枠を超えて競争が激化する中、業界トップの『すき家』は威信をかけて差別化を図り、価格ではなく、商品力で勝負していこうという決意の表れでもあると言えるでしょう。

その強い想いは、『すき家』が日本の外食業界では初めて、世界の優れたブランドに贈られる「ブランド・オブ・ザ・イヤー」を受賞するなど、自社のブランドを高めることに注力しているところにも見てとれます。

③新たな顧客層の開拓——価格から価値へのシフト

そして、最後の3つ目は新たな顧客層を開拓するという狙いです。

『吉野家』などが食欲旺盛な男性を狙う中、これまで『すき家』は女性層やファミリー層などポジションを少しずらして急成長を遂げてきました。

一方で、〝価格に敏感な顧客層〟という共通の特徴も挙げられます。

ただ、『すき家』が新たに狙う顧客層は価格よりも価値に重点を置き、価格が少々高くても価値があれば購入を厭わない層です。なぜなら、このような顧客層を取り込むことに成功すれば、今後不毛な価格競争に巻き込まれることを避けることも可能になるからです。

つまり、『すき家』は価格で浮気しやすい顧客よりも、価値を重視して浮気しない新たな顧客の開拓を目指しているというわけです。そのような意味では、今回の『黒毛和牛弁当』は1200円や1500円相当のコストをかけて赤字覚悟の価値を提供する必要があると言えるでしょう。

『すき家』のコストリーダーシップ戦略から差別化戦略への転換は成功するか？

これまで牛丼業界では、価格重視のビジネスが展開され、『すき家』は規模の優位性をフル活用して、『吉野家』や『松屋』といったライバルに対して優位に競争を展開してきました。

ところが、コスト削減を究極まで追求していった結果、24時間営業店舗で夜間に店員が１人しかいないというワンオペレーションがブラックだと社会批判を受けた影響もあり、業績が悪化。２０１５年３月期はマイナス１１１億円という大幅な赤字に転落してしまいました。これはメイン顧客が価格に敏感な場合、ビジネスが非常に難しくなることを如実に物語っています。

そこで『すき家』は、これまで長い間展開されてきた牛丼業界の不毛な価格競争から抜け出し、ブランドを高めて安定的な成長を目指すべく、価格が1杯１０００円を超える『高級牛丼』をあえて投入したというわけなのです。

第3章　まとめ

プライス戦略はいくつかのポイントでビジネスに大きな影響を与えます。

まず1つ目には、売り上げや利益など企業の業績に直結するということ。価格次第で売り上げや利益がいい意味でも悪い意味でも大きく変動することにつながるのです。

2つ目には、価格というのは企業のイメージに大きな影響を与えるということ。そこでプライス戦略以外の戦略とも整合性を図る必要があります。たとえば、差別化された高付加価値の製品を提供する場合は、高い価格を設定して高級なイメージを顧客に植えつけなければいけません。一方、差別化が難しい製品の場合、低い価格を設定して「コストパフォーマンスの高い製品」という印象を顧客に持ってもらえば売上機会も増大していくでしょう。

企業の価格設定は、実に様々な要因に影響を受けます。たとえば、外的要因としては、需要と供給の関係や競合企業の状況、規制の有無、経済状況など。そして、内的要因としては、自社のブランドイメージや業績目標、他のマーケティングミックスなどに影響を受けることになるのです。
また、基本的な価格設定としては、次のような方法が挙げられます。

①コスト志向型

価格の最もシンプルな設定方法は「コスト志向型」と呼ばれるものです。たとえば、「コストプラス価格設定」と呼ばれる方法は、製品の製造に要した費用に目標とする利益を上乗せして決定していきます。具体的には、製品の製造に1万円のコストがかかり、10％の利益が欲しい場合はコストの1万円に目標利益の1000円を足して1万1000円という価格を設定することになります。

②需要志向型

「需要志向型」の価格設定では、顧客の需要に応じて価格を柔軟に決定していきます。「知覚価値価格設定」と「需要価格設定」の2種類があります。

知覚価値価格設定とは、「顧客が自社製品に対してどのような価格が望ましいと思っているのか」を実際に調査した上で、より多くの顧客が見込める価格に設定していきます。

図表7 価格設定法

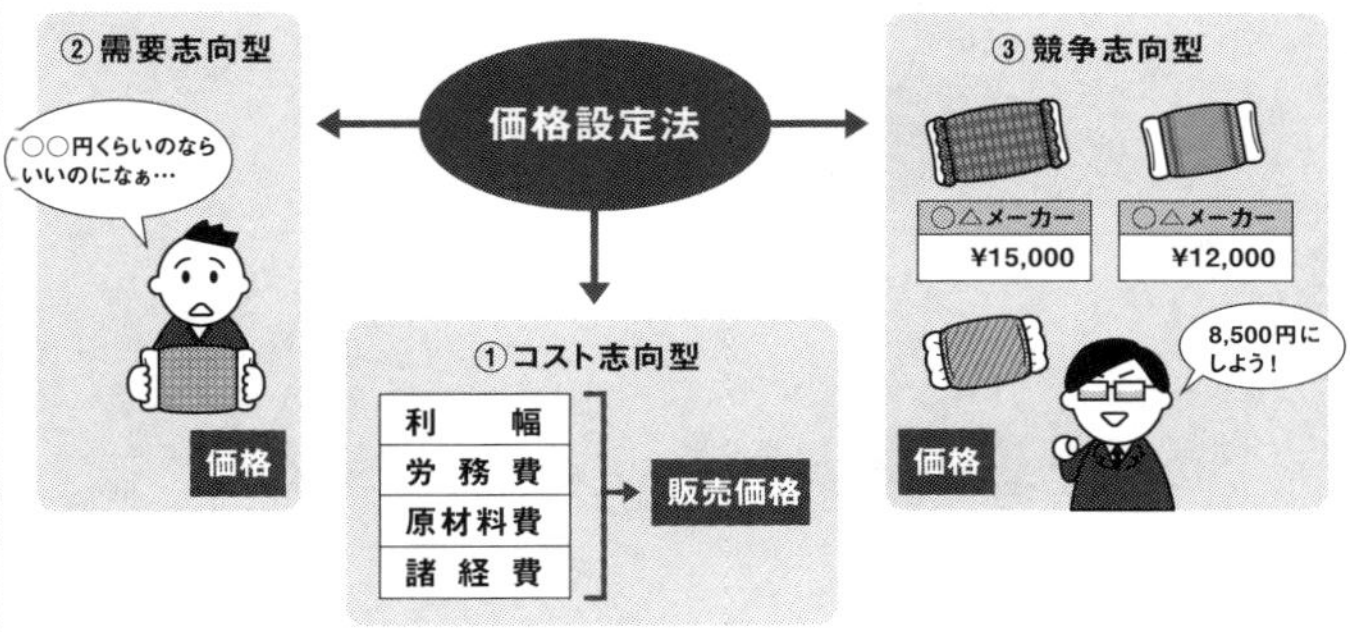

一方、需要価格設定では、同じ特徴を持つ顧客層ごとに価格を変えていきます。たとえば、学生を対象に割引価格を提供する学割や高齢者を対象に特別価格を提供するシルバー割引などが挙げられます。他にも深夜料金や平日割引なども需要価格設定のケースと言えます。

③競争志向型

ライバルとの競争に重きを置いて価格を設定する方法もあります。この方法は「競争志向型価格設定」と呼ばれています。

実勢型の価格設定では、ライバル企業の価格を参考に自社製品の価格を決定していきます。この価格設定法は最も一般的な方法と言えるでしょう。たとえば、ライバル企業が競合製品を390円で販売していれば、対抗するために380円といった価格に設定していきます。

ただ、この実勢型価格設定を行う際には、安易にライバル企業よりも安い価格を設定することは避けた方がいいでしょう。価格を決定する基準がライバル企業の価格だけなので、場合によってはコストを賄えないような水準に設定してしまい、赤字になることもあるからです。また、ライバル企業も実勢型価格設定を行っている場合は不毛な価格競争に陥ることも十分に考えられます。

プライス戦略では、以上のような基本的な考え方を踏まえて、自社独自の価格設定を追求していくといいでしょう。

第4章

なぜ、メルセデス・ベンツは期間限定でラーメンを販売したのか?

～プロモーション戦略の「なぜ？」「どのようにして？」～

たとえあなたの会社がこれまでになかった革新的な製品を開発したとしても、顧客がその存在を知らなければ、世の中に広まるどころか、売り上げを伸ばすことさえ難しいと言えるでしょう。その意味で、顧客に製品の存在や価値を知らせるプロモーション戦略は製品普及の大きな鍵を握ることになります。

本章では、すき家をはじめとして、ミシュランで星を獲得したお店やメルセデス・ベンツ、カゴメなどの事例を取り上げながら実践的なプロモーション戦略をお伝えしていきます。

ケース
1

なぜ、『すき家』は独自のポイントサービスを導入したのか？

～乱立するポイントカードの中で新規参入組が勝ち残るためのポイント～

独自のポイントサービスの導入を決定した『すき家』を展開するゼンショーホールディングス

牛丼チェーン最大手『すき家』を展開するゼンショーホールディングスが、２０１６年１月からグループ共通のポイントサービスを導入しました。

ゼンショーホールディングスは、傘下に牛丼チェーンの『すき家』をはじめ、回転寿司の『はま寿司』、ファミリーレストランの『CoCo's』（ココス）、焼き肉店の『宝島』、和食チェーンの『なか卯』などを擁しています。まずは『なか卯』を除いたチェーン店約３０００店にグループ共通のポイントサービスを導入し、最終的にはおよそ４８００あるグループ全体の店舗へ拡大していく予定です。

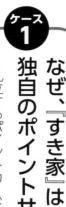

また、将来的にはゼンショーホールディングスが運営する食品スーパー約60店舗にも共通ポイントの導入を検討しており、独自のポイントサービスによる利便性をさらに高める計画もあります。

外食産業は競争が激しく、業態の垣根を超えて顧客の奪い合いが繰り広げられています。牛丼の『すき家』は業界最安値を武器に、それまで業界のトップであった『吉野家』を抜き去るなど、デフレ経済下で目覚ましい躍進を遂げてきましたが、従業員に過酷な労働を強いる〝ブラックバイト〟が社会問題化し、景気の回復と相まって従業員の確保が難しくなると、人手が足りずに臨時休業を余儀なくされる事態に見舞われました。これまで人件費や原材料費の低コスト化で低価格を実現し、顧客数を拡大してきた〝必勝〟のビジネスモデルが破綻し、一時は赤字に陥るなど苦戦を強いられることになるのです。

そこで、ゼンショーホールディングスでは、グループの強みを活かして独自のポイントサービスを導入し、グループ内で顧客を囲い込もうという戦略に打って出たのです。

益々拡大が進む ポイントサービスによる顧客の囲い込み

ポイントサービスによる顧客の囲い込みは、何もゼンショーホールディングスだけでなく、業界を問わず多くの企業で導入がかなり前から進んでいます。どちらかというとゼンショーホールディングスは〝後発組〟と言っても過言ではないでしょう。

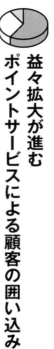

野村総合研究所の調査によれば、２０１５年度の家電量販店やクレジットカード、携帯電話など、国内11業界の主要企業が１年間に発行するポイント・マイレージの現金換算は、８４９７億円にまで達し、２０２０年度には１兆92億円と、１兆円の壁を超えることが予想されています。つまり、今後もポイントサービスを顧客獲得の１つの切り札として導入する企業が増加し、益々拡大の一途を辿ることが見込まれているのです。

たとえば、東京電力は２０１６年１月から電気使用料に対して『Ponta』（ポンタ）もしくは『Tポイント』を付与することを発表しました。すでに利用者は、『Ponta』が７０００万人、『Tポイント』が５０００万人を超えており、ビジネスに大きな影響を与える独自の経済圏を形成しています。一方、電力業界は小売りの自由化で、顧客が自分の好きな電力会社を選ぶことができるようになるため、東京電力は顧客流出を最小限に食い止めるべく、共通ポイントサービスの導入を決定したというわけです。

また、『すき家』と同じ牛丼業界に目を転じれば、『吉野家』はすでに『Tポイント』サービスを導入し、店舗で『Tポイント』を使ったり、貯めたりすることができるようになっています。

どのようにすれば、ゼンショーホールディングスはポイントで成功することができるのか?

ポイントサービスが珍しかった頃ならいざしらず、消費者の財布には10枚前後のポイントカードが収められている昨今、ただ単にポイントを付与するだけでは、顧客を囲い込むことなどできないと言っても過言ではないでしょう。

しかも、最近のポイントサービスは、東京電力や吉野家のように、『Ponta』や『Tポイント』『楽天スーパーポイント』といった3つの大きな経済圏を展開するポイントサービスプログラムに相乗りすることが主流になっています。

一方、ゼンショーホールディングスの場合は、グループ独自のポイントサービスであり、成功への道程は決して平坦なものではありません。たとえば、ゼンショーホールディングスが発行する電子マネー機能付きのポイントカードは、200円の利用ごとに1ポイントが付与され、100ポイント貯まった段階でクーポンに交換し、100円として利用できるようになっています。これは還元率で言えば0・5％であり、他社のポイントと比べて魅力ある還元率とは到底言えません。やはり、ポイントサービスを牛耳る強力なライバルを押しのけて顧客に選ばれるためには、ライバル以上の魅力的なインセンティブが必要となってくるのは間違いないでしょう。

それでは、どのようなインセンティブが考えられるでしょうか？　ここで、いくつかのオプションを検討してみましょう。

①高い還元率

やはり顧客がポイントサービスに求めるのは高い還元率です。2万円の食事でわずか100円の還元では、積極的にゼンショーグループのレストランで食事をしようという顧客はいないと言ってもあながち間違いではないかもしれません。どちらかと言えば、「ポイントがつくのであればもらっておこう」という消極的な利用が主になると予想されます。そこで、たとえば2%という高い還元率を設定し、5000円の利用で100円分のポイントがつくようであれば、外食する際にどこでしようか迷った際に、「高いポイントがつくからゼンショーグループのレストランにしよう」という顧客が現れてくることにつながるでしょう。

②ランクの設定

そうは言ってもいきなり高い還元率を設定すると、コスト的に見合わないケースも考えられます。そこで、「ブロンズ」「シルバー」「ゴールド」などのランクを、たとえば1年間のトータルの利用金額などに応じて設定し、最初の「ブロンズ」では最低の0・5%還元、次にランクアップした「シルバー」では1・0%還元、最高の「ゴールド」ランクを維持している間は2・0%還元など、利用頻度や利用金額が高まるほど高還元率にランクアップしていくシステムを導入することもできるでしょう。そうすれば、ランクアップして高還元率を目指そうと繰り返し来店する顧客もきっと現れるはずです。

③会員限定の特典、もしくはクーポン

ポイント会員限定の特典やクーポンを付与することも、来店を促す強力なインセンティブになるでしょう。たとえば、「シルバー」「ゴールド」など、ランクアップごとに特別ポイント500円分を付与したり、最高ランクの「ゴールド」なら、次のランクの洗い替えの時期に最高ランクを維持するようであれば、スペシャルボーナスポイントとして1000円分を付与したりするなど魅力的な特典があれば、利用の促進につながります。

また、新メニュー投入の際に、割引価格で利用できるクーポンを提供したりすれば、来店のインセンティブにもなるでしょう。

ゼンショーホールディングスが導入を決定したポイントサービスは、確かに顧客の囲い込みには有効な方法と言えますが、単純なポイントサービスでは強力なライバルを超える成果を上げることは難しいと言えます。

ケース2

なぜ、ミシュランを獲得した人気店が閉店するのか?

~メディアによる〝レバレッジ〟は、逆効果になるリスク~

ラーメン店で初のミシュラン一つ星を獲得した『Japanese Soba Noodles 蔦』

『ミシュランガイド東京2016』で一つ星を獲得した『Japanese Soba Noodles 蔦《つた》』。

店名からもわかるように、日本の大衆食の代表とも言えるラーメンが見事ミシュランで星を獲得したのです。ラーメン店がミシュランで星を獲得するのは世界初であり、大きな注目を浴びることとなりました。

ただ、ミシュランに認められたといっても、この『Japanese Soba Noodles 蔦』(以後、『蔦』)は老舗ではなく、2012年1月にオープンしたてのいわば新興店です。しかも、店主の大西祐貴氏は、高校卒業後に父親が経営するラーメン店で5年ほど修業するも、興味が湧かずにアパレル関連企業に転職し、バイヤーとして世界各地に赴き、さまざまな食に出会う中で、ラーメンへの情熱が芽生えて自分の店を構えたという異色の経歴の持ち主なのです。

『蔦』はオープン後、ほどなくしてそのラーメンのおいしさが評判となり、口コミで行列ができる有名店へなります。ミシュランで星を獲得する前から、「２時間待ちは当たり前」という超人気店だったのです。また、前年の『ミシュランガイド東京２０１５』では、コストパフォーマンスの高いレストランに与えられるビブグルマンを受賞しており、１年でさらなるステップアップを果たした格好となります。

そして、この『蔦』が「ラーメン店で初めてミシュランで星を獲得した」という衝撃のニュースが駆け巡った翌営業日には、店の前におよそ１５０人が並ぶという異常な熱狂に見舞われることになるのです。

突然の閉店発表……
なぜ人気店なのに閉店しなければならないのか？

店側とすれば、ミシュランの星を獲得してお客が殺到することは、嬉しい悲鳴と言えるかもしれません。ところが、その嬉しい悲鳴が、深刻な事態を引き起こすとは、このとき誰しも予想すらしていなかったのではないでしょうか。

なんと、ミシュランの星を獲得しておよそ2週間後、店主の大西氏は『ミシュランガイド東京2016』でビブグルマンを獲得した2号店『蔦の葉』と本店で展開していた『味噌の陣』を年内に閉店すると発表したのです。

ミシュランの星獲得でお客が殺到していた矢先に、なぜこのような予想外の事態が起こってしまったのでしょうか?

店主はその理由として「人手不足」と「苦情」を挙げています。つまり、人気店ゆえに多くのお客が殺到し過ぎて、小さな店舗で処理できるキャパシティを大幅に超え、溢れたお客が近隣の住人の生活に支障を来たし、苦情に対処しきれなくなったということなのです。

従来から人気店として2時間待ちが当たり前だったところに、「世界で初めてラーメン店がミシュランの星を獲得した」という話題性と相まってさらにお客が増えたことによって、お客や近隣の住民に迷惑がかかり、これ以上現在の立地で営業を続けるのは難しいという結論に達したというわけです。

マーケティングは諸刃の剣。十分に準備をした上でレバレッジをかけよう！

通常、企業にとってお客が殺到することは願ってもないチャンスと言えます。お客が増えれば増えるだけ、売上アップにつながると確信しているからです。そこで、企業はより多くのお客を集めるためにマーケティング戦略を駆使していきます。たとえば、今回の『蔦』のように権威ある賞の受賞を目指して他店との差別化を図ったり、口コミなどのプロモーション戦略を展開して、来店を促したりするのです。

今や企業は、テレビや新聞、雑誌、インターネットなどのメディアを通して、手軽に自社や自社の製品を広く世の中に知らしめることが可能になっており、極端な話をすれば、一瞬にして数百万や数千万の消費者にアプローチし、来店や商品の購入を促すことも決してできないことではありません。

ただ、このようなレバレッジ（少ない労力でとても大きな効果を得ること）を最大限に利かせたマーケティング戦略は〝諸刃の剣〟とも言えます。

一瞬にして集客し売上を上げることができる反面、もし自社が適切に対処できるキャパシティを超える顧客を集めてしまうと、ビジネスに支障を来たし、以前よりも業績が悪化することにつながりかねないというわけです。

たとえば、飲食店であれば、テレビなどの取材を受けた結果、興味を持ったお客が殺到し、予約がさらに取りにくくなったり、待ち時間が長くなったり、料理の質が落ちたりして、それまでビジネスを支えてくれた常連客が去っていくということもあるでしょう。

それでも、話題性から来店した新たな顧客が熱心なリピーターになれば、売上も右肩上がりで伸びていくことも考えられますが、通常メディアに大きな影響を受けるお客は熱しやすくて冷めやすい移り気な傾向が強く、ブームが過ぎれば常連客も新規顧客もいなくなったということは決してあり得ないことではないのです。

つまり、マーケティング戦略を駆使して、レバレッジを利かせて集客を図ることはもちろん可能ですが、準備ができてない場合は、逆効果となることも十分に考えられるというわけです。

企業にとって、お客が殺到することは必ずしもいいことではありません。やはり、適切に対応できるオペレーション、そして仕組みを築いた上でのレバレッジの活用が求められると言えるでしょう。

ケース3

なぜ、〝謎肉祭〟限定カップヌードルは爆発的な売上を記録したのか？

〜世界ナンバー1ブランドが仕掛ける〝非常識〟マーケティング〜

誕生45周年を迎えたカップヌードル

世界初のカップ麺『カップヌードル』が誕生したのは、１９７１年9月18日のことです。それから長い歳月をかけて、『カップヌードル』は日本だけでなく世界中の人々に親しまれ、今では80以上の国と地域で累計販売食数が４００億食を超える世界ナンバー１ブランドとして確固たる地位を築きました。

２０１６年は『カップヌードル』45周年にあたり、日清食品はメモリアルプロダクトとして期間限定の製品を投入して、その誕生を祝いました。

それが、『カップヌードルビッグ〝謎肉祭《なぞにくまつり》〟肉盛りペッパーしょうゆ』。〝謎肉《なぞにく》〟の愛称で熱烈的なカップヌードルファンに親しまれている味付け豚ミンチを、通常の『カップヌードルビッグ』の10倍入れるという〝謎肉〟ファンにはたまらない一品です。

発売を開始するや、その話題性からSNSなどで口コミが大きく拡散し、爆発的な売上を記録。わずか3日間で用意した通常の『カップヌードルビッグ』の1・5倍分の在庫がなくなり、販売休止へと追い込まれます。この非常事態を受けて、日清食品は早急に生産体制を整えて販売再開を目指すと発表しました。

なぜ〝謎肉祭〟限定カップヌードルは爆発的な売上を記録したのか？

カップヌードル誕生45周年を記念して企画・開発・上市された『カップヌードルビッグ〝謎肉祭〟肉盛りペッパーしょうゆ』の爆発的なヒットの背景には、日清食品の〝非常識〟なマーケティング戦略が隠されています。

今や、食の安心・安全に対して消費者が敏感になる中、食品企業としては消費者が不安になるような製品を敢えて市場に投入しようとは思わないでしょう。

ところが、日清食品は記念すべきメモリアルプロダクトのメイン具材として味付け豚ミンチを選び、〝謎肉〟と自ら命名します。初めてこの言葉を聞いた消費者は、どんな肉かわからず不安を覚え、購入を躊躇することでしょう。

ただ、この〝謎肉〟は、昔からカップヌードルの熱烈な愛好家から親しみを込めて呼ばれていた愛称であり、２００９年に日清食品が「コロ・チャー」と名づけたコロッとしたチャーシューに具材が変更された際にも熱烈な愛好家からのラブコールが鳴りやまず、２０１５年４月にカップヌードルのリニューアルに合わせて復活したという経緯があるのです。

そして、日清食品はカップヌードル誕生45周年の記念イヤーに『いまだ！　バカやろう』キャンペーンを展開。今の時代、バカなことをやれば、世間に叩かれて、これまで築いてきた信用やブランドイメージが地に落ちるリスクにさらされることになりますが、社会に迎合し、常識的な活動しか起こさなければ、世の中を変えるようなイノベーションを生み出すこともできません。そこで、時代を変えるためではなく、時代に自分を変えられないためにも、自身の信念に基づいて、世の中からは〝バカ〟と思われるようなことに取り組むことが重要だというメッセージを送ります。

カップヌードルの歴史は、まさにこの〝バカやろう〟から始まったと言えます。日清食品の創業者である安藤百福氏は、人からどんなにバカにされようとも自宅のわきに建てた小さな研究室にこもり、日々インスタントラーメンの研究を続け、チキンラーメンやカップヌードルなど世の中の人が考えもしなかった数々の斬新な製品を生み出してきました。

そして、日清食品は今回あえて原点に帰り、〝バカやろう〟を恐れることなく実践し、食品業界のタブーに自ら切り込んで、予想だにしていなかった成功を収めたのです。

その成功の背景には、熱烈的なファンのためだけに開発した新製品とファンを喜ばせる〝謎肉〟のネーミング、その結果としてのＳＮＳでの爆発的な口コミの広がりがあったことは言うまでもないでしょう。

『バカやろう』は、時代に流されかけていた自社の社員への強烈なメッセージか？

熱狂的なファンを中心としたお祭りに多くの人が巻き込まれて、カップヌードルの生誕45周年を祝う〝謎肉祭〟は予想をはるかに上回る盛り上がりを見せました。もし、日清食品がカップ麺のリーディングカンパニーとして模範的な行動しか起こさなければ、成功もそれなりだったかもしれません。

これまでの歴史を振り返っても、人から批判を受けても常識にとらわれずにバカなことをやり続けた人や企業の功績で常に新たな時代が切り開かれてきたのです。常識からは時代を変えるようなイノベーションは生み出せません。非常識な行動がいつしか社会に受け入れられ、人々の生活を変えていくことになるのです。

かつて『Macintosh』や『iPod』『iPhone』『iPad』など数々のイノベーティブな製品を世に送り出し続けたスティーブ・ジョブズも、スタンフォード大学の卒業式典のスピーチで「Stay hungry. Stay foolish」という言葉をこれから社会に旅立つ卒業生に贈っています。意訳すれば、「どんなときでもどん欲で、〝バカ〟になって一つの道を突き詰めていけば、新たな道が必ず開ける」ということになるでしょう。

日清食品が展開した『いまだ！　バカやろう』キャンペーンは、ＣＭを見る人を不快にさせるとか、カップ麺のリーディングカンパニーである日清食品がこのようなプロモーションを展開しても売上アップ効果は見込めないとか、様々な批判にさらされることもありました。

ただ、日清食品の意図としては、『いまだ！　バカやろう』キャンペーンは、ただ単に顧客に対して売上アップを図るためのものではないかもしれません。恐らく、日清食品の礎を築いた安藤百福氏の〝ＤＮＡ〟が薄まり、カップ麺のリーディングカンパニーとなって守りに入ろうとする自社の社員を奮い立たせるためのものなのではないでしょうか。

45周年という節目の年にあたり、創業の原点に今一度立ち返って、圧倒的なリーディングカンパニーにもかかわらず、現状の地位に甘んじることなく、バカをやり続ける日清食品からは「初心忘るべからず」の大切さを学ぶことができるでしょう。

ケース4

なぜ、メルセデス・ベンツは、期間限定でラーメンを販売したのか？

〜〝戦略商品〟による意図的なギャップ演出と、新たなターゲットへの訴求〜

メルセデス・ベンツがラーメンを販売！

メルセデス・ベンツ日本が、六本木の『Mercedes-Benz Connection NEXTDOOR』にて２０１６年12月25日までの期間限定でラーメンを販売。『Mercedes-Benz Connection NEXTDOOR』は、メルセデス・ベンツのブランド情報発信拠点である『Mercedes-Benz Connection』に併設されたイベント型のブランド体験施設であり、カフェやレストランを中心としたスペースが広がっています。

このレストランで提供されたラーメンは2種類。

1つは、〝フレンチの技法を活かした西洋魚介スープに特製細麺が上品に絡み、スターマークが刻印された大きな帆立と共に「海」のやさしさを感じさせてくれるラーメン〟『「海」の流星麺～西洋魚介スープと焼きおにぎり～』。

また、もう1品は、〝鴨の生ハムだけで仕上げた黄金色のスープに特製太縮れ麺が絶妙にマッチし、ジューシーな鴨肉やきのこと共に「陸」の力強さを感じさせてくれるラーメン〟『「陸」の流星麺～鴨の生ハムスープとフォアグラバケット～』です。

価格は両方とも税込1200円であり、さすがにメルセデス・ベンツだけあって提供されるラーメンにも随所に高級感が溢れ、こだわりが見てとれます。

メニューを見る限り、ラーメン通ばかりでなく、グルメ通をも唸らせるラーメンと言っても過言ではないでしょう。

なぜ、メルセデス・ベンツがラーメンなのか？

「海」と「陸」の流星麺は、メルセデス・ベンツらしく高級感漂うラーメンですが、疑問は「なぜ、メルセデス・ベンツがラーメンを提供するのか？」です。

その背景には、２つの大きな目的があると思われます。

①意図的なギャップによるプロモーション効果

まず、1つ目は大きなギャップを意図的に演出したプロモーション効果です。

多くの人は「メルセデス・ベンツ＝高級」というイメージを持っていることでしょう。その高級なイメージのメルセデス・ベンツが、対極にある大衆食の代表とも言えるラーメンを販売すれば、大きなギャップを感じて「なぜ？」と不思議に思う人も多いはずです。このギャップに好奇心が駆られ、テレビなどのメディアで紹介されることもあるでしょうし、SNSなどで「ベンツのラーメン食べてきた」などと口コミが広がることもあるでしょう。

つまり、大きなギャップを意図的に演出することによって、メルセデス・ベンツが提供するラーメンの情報がコストをかけることなく大きく広まり、イベント型のブランド体験施設の集客につながるというプロモーション効果が期待できるというわけです。

②新たなターゲット顧客へのアプローチ

もう1つの狙いとして、「新たなターゲット顧客へのアプローチ」が挙げられるでしょう。

ラーメンといえば、日本では誰もが親しみを持つ国民食と言っても過言ではありません。

つまり、ラーメンを提供することによって、大衆的なユーザーに来店してもらいたいという意図があるのです。

これまでメルセデス・ベンツは「富裕層向けの車」というイメージが定着していました。ただ、実際にはAクラスに300万円以下で、誰しもがちょっと無理をすれば手に届くようなモデルもラインナップされています。そのような事実を1人でも多くの消費者に知ってもらうだけでも、新たな顧客獲得につながる可能性も十分に考えられるでしょう。

つまり、「大衆層」という新たなターゲットへアプローチする目的でラーメンを提供しているというわけです。

実際にメルセデス・ベンツは、これまでイオンモールで展示会を開催するなど、メイン顧客である富裕層とは違う層を取り込むための活動にも注力しているのです。

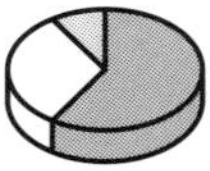

目標を効率的に達成するためには、役割を持った戦略商品の活用が有効

メルセデス・ベンツにとって、ラーメンを売ること自体が目的ではありません。ラーメンという〝戦略商品〟を使って新たなターゲット顧客を引き寄せ、最終的に自社のユーザーになってもらうことがメルセデス・ベンツの描くストーリーなのです。

ビジネスを成功に導くには、ただ単に商品やサービスを販売するだけでは、それがいかに魅力のあるものであっても十分とは言えません。

顧客が購入するまでのストーリー、理想的には購入後も自社のファンになってくれるまでのストーリーを描き、そのストーリーが実現するように節目節目に戦略商品や戦略サービスを配置していく戦略を立てる必要があります。

この場合、配置された商品やサービスはそれぞれ戦略的な役割を担うことになりますが、それが〝**戦略商品**〟と言われる所以なのです。

たとえば、よくスーパーでびっくりするほど安い目玉商品のセールが実施されることがあります。スーパー側にとっては、「この目玉商品だけで利益を上げよう」という考えは毛頭なく、実際には赤字のケースが多いでしょう。

それでは、なぜ商品を赤字で販売するかというと、この商品を目当てに多くの客が押し寄せるからです。

つまり、この目玉商品は「**顧客を集める**」という役割を担った戦略商品なのです。そして、集まった顧客が他の商品も併せて購入すれば、トータルで利益を確保できるというストーリーをスーパー側は描いているのです。ちなみに、このように赤字覚悟の目玉商品で顧客を呼び寄せ、あわせ買いで利益を上げる戦略は「**ロスリーダー**」、もしくは「**マージンミックス**」と呼ばれています。

このように、メルセデス・ベンツがラーメンを提供するという意外な行動を掘り下げていくと、メルセデス・ベンツが描くストーリー、それを達成するための戦略、そして「なぜ、ラーメンなのか？」という戦略商品の役割を理解できるでしょう。

ケース5

どのようにしてカゴメは飽和した市場で事業拡大を達成できたのか？

〜新市場では、「ドリル」ではなく、顧客がどんな「穴」を望むかを考える〜

新市場で「ドリル」を売らず「穴」で成功したカゴメ

人口の減少に伴い国内のマーケットは頭打ち状態が続いています。このような厳しい環境下、企業が成長を指向していくためにはどのような戦略が有効な手立てとなるのでしょうか？　東南アジアで成功を収めたカゴメをケースに、適切な戦略を浮き彫りにしていきましょう。

飽和したマーケットで事業拡大を図る戦略とは?

日本の人口は減少の一途を辿っています。総務省の発表した統計では、2008年の1億2808万人をピークに減少傾向にあり、2016年8月には概算値で1億2713万人と人口減少は益々加速しています。

このような日本における人口減少がビジネスに与えるインパクトは大きく、現状多くの企業が成長の止まったマーケットで苦戦していると言っても過言ではないでしょう。

それでは、この厳しい環境下で、企業が成長を追求するためには、どのような戦略が考えられるでしょうか?

市場と製品を軸に事業拡大の戦略を検討するフレームワークに**「アンゾフのマトリクス」**と呼ばれるものがあります。

市場を「既存市場」と「新市場」、製品を「既存製品」と「新製品」に分ければ、企業はまずは既存市場において既存製品を販売していくことが成功への近道と言えます。この戦略は**「市場浸透戦略」**と呼ばれています。

図表8　アンゾフのマトリクス

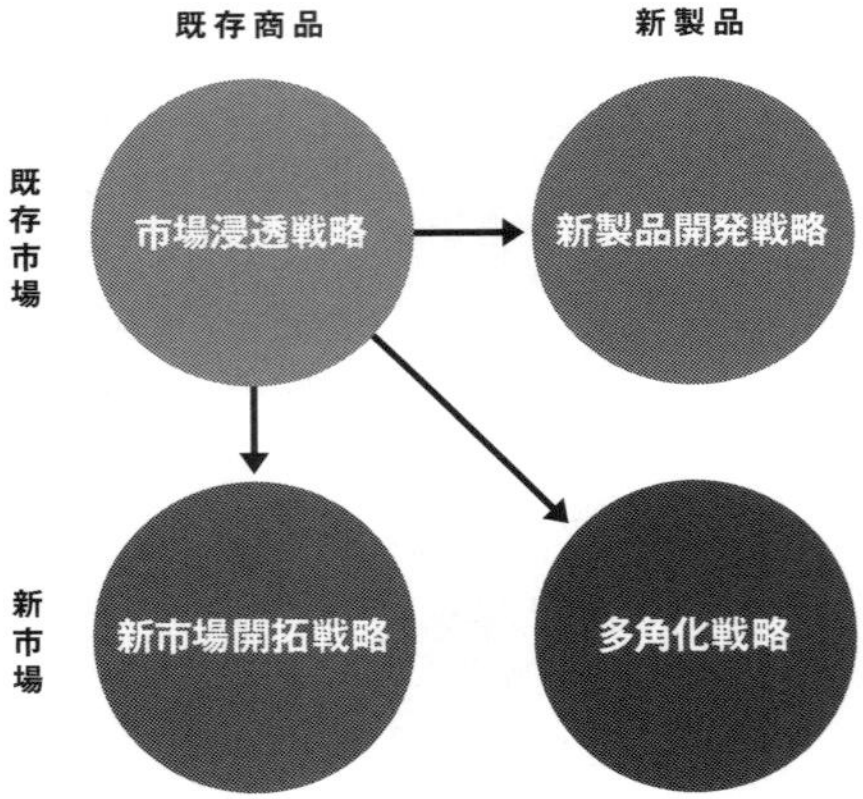

ただ、この「市場浸透戦略」で既存市場を攻略していくと、次第にマーケットが飽和して、既存市場での販売が頭打ちとなってきます。そこで企業は成長を持続させるためには事業を拡大していかなければならないのですが、リスクを低くして事業拡大を図るためには2つの方向性が考えられます。

1つは既存市場、すなわち既存のお客さまに新製品を販売する戦略です。既存のお客さまであれば、すでに信頼を得ていますので、新しい製品であっても購入してくれる確率は高まります。これは「**新製品開発戦略**」と呼ばれています。

もう1つは、既存製品を新市場で販売していく戦略です。これは「**新市場開拓戦略**」と呼ばれ、すでにある市場で評価を得た自社製品を、これまで販売したことのないお客さまに販売していく戦略になります。すでに開発済みの製品なので、製品開発にかかる負担は少なく、リスクを低くして事業の拡大を図っていくことができるというわけです。

新市場での事業拡大を目指すカゴメ

人口の減少でマーケットの縮小が続く日本市場においては、いかにリーディングカンパニーといえども、実際のところ苦戦を強いられているのが現状です。

たとえば、トマトジュースや野菜ジュース、ケチャップなどトマト関連商品で圧倒的なシェアを誇るカゴメでさえ、２００８年の２００５億円をピークに売上は頭打ちの状態が続いています。

そこでカゴメは、市場浸透戦略で飽和状態となった事業を拡大させるために、新市場に活路を見出そうとします。アメリカをはじめとして、ヨーロッパやオーストラリア、アジアへと事業拡大の道を模索。最近では、その中でも成長著しい東南アジアの国々でのトマト製品の普及に力を入れているのです。

ただ、いかに日本でトップシェアを誇るカゴメといえども、新市場の攻略はそう簡単なものではありませんでした。

日本では、トマトといえば野菜の中では比較的好まれて食べられる野菜と言っても過言ではなく、トマトジュースなども手軽に野菜が摂れる手段として愛飲している消費者もたくさん存在します。ところが、東南アジアの国々では、トマトは青臭く、美味しくない野菜の代表として敬遠されていたのです。この新市場ではトマト自体は消費者にとってまったく未知の製品ではありませんが、逆に悪いイメージが定着しているがゆえに、まったく新しい製品を売り込むよりもさらに困難な道が待ち受けていたのです。

カゴメが東南アジアでトマト商品をヒットにつなげたマーケティングとは？

マーケットが存在するどころか、現地の消費者を買う気にさせることさえ難しいと感じられた新市場を切り拓くために、カゴメはあきらめることなくマーケティングの基本となるマーケットリサーチを徹底していきます。

消費者の家庭を一軒一軒訪ね歩き、現地の生活者の視点でニーズを浮き彫りにしていったところ、「美容や健康」に関して異常に欲求が高いことが判明したのです。そして、綿密な調査の結果、東南アジアでは女性はもちろんのこと、男性でも肌の美しさを意識する人が多く、美と健康のためならお金を惜しまないことを突き止めたのです。

マーケティングの世界では「ドリルを売るには穴を売れ」という言葉があります。企業は自社製品を売りたければ、製品自体を売り込むのではなく、顧客の真のニーズを把握して、ソリューションを提供すればいいのです。そうすれば、自然に製品自体が売れるようになります。顧客は製品自体を求めているのではなく、製品を使って得られるベネフィットを求めているのです。ですから、カゴメも「トマトジュース」という製品を販売しようと考えるのではなく、トマトジュースを飲むことによって得られる「美と健康」を販売していけばいいということになります。

ただ、食品業界では顧客に提供できるベネフィットをアピールするにも、「薬事法」という大きな壁が存在します。たとえば、カゴメのトマトジュースは、いかに美容や健康に優れた効果を発揮することがわかっていたとしても、そのようなメッセージは現地の薬事法で禁止され、直接消費者に伝えることができないのです。

そこで、カゴメは遠回りでも確実に自社製品が新市場に根づくプロモーションを考えつきます。

まず、カゴメのトマトジュースに含まれる「リコピン」は、「美容や健康にいい」というイメージを植えつけるプロモーションを実施します。このプロモーションで、カゴメという会社名や製品名を出さなければ、薬事法に抵触することはありません。そして、現地の消費者の間で「リコピン＝美容や健康に効果的」というイメージが浸透したところで、「カゴメの製品にはリコピンが入っている」という2段構えのプロモーションを展開したのです。

さらに製品名には新市場でイメージの良くないトマトのネーミングを使用せず、「カゴメ　リコピン」と成分を謳《うた》うことにより、現地の消費者にとっては、「カゴメの製品＝美容や健康にいい」という連想が生まれ、新市場を切り拓くことに成功したのです。

既存市場でヒットした商品を新市場で販売することは、いかに相対的にリスクが低いといえども、一筋縄ではいくものではありません。やはり、新市場で成功を収めるためには、既存市場でヒットした「ドリル」を売ろうとするのではなく、根気強いリサーチを通して、新市場の顧客がどんな「穴」を望んでいるのかを見抜いていくマーケティングが重要な鍵を握るということを、カゴメの東南アジアでの成功が物語っています。

第4章 まとめ

プロモーション戦略には、大きく分けて「広告」「販売促進」「パブリシティ」「人的販売」「口コミ」という5つの方法があります。それぞれ特徴や負担すべきコストが変わってきますので、自社の置かれた環境に応じて適切なプロモーションを選択し、組み合わせていくといいでしょう。

それでは、プロモーション戦略のまとめとして、それぞれの手法を簡単に紹介していきます。

①広告

プロモーション戦略で最も一般的な方法といえば、広告でしょう。広告では、広告費を負担して様々なメディアで自社製品の宣伝を行います。また、広告はテレビや新聞、雑誌、インターネットなど様々なメディアを利用できますが、重要なのは「ターゲット顧客に最もアプローチできるメディアを活用する」ということです。

たとえば、ターゲット顧客が主婦であれば、朝の情報番組でテレビCMを流すのが効果的でしょうし、ビジネスパーソンであればよく読む新聞に広告を掲載するのが効果的です。

このように、ターゲット顧客が最も目や耳にするメディアを通して心を動かすメッセージを伝えることにより、顧客は製品やサービスに対する購買意欲を高めるようになるのです。

②販売促進のプロモーション

販売促進のプロモーションは、消費者向けと流通チャネル向けに分けられます。

まず消費者向けの販売促進策としては、クーポンや特典などがあります。たとえば、飲食店がドリンク無料のクーポンを配布したり、紳士服店がスーツを購入した人にはネクタイをプレゼントする特典を提供したりすることによって販売を促進できます。一方、下流の流通チャネル向けの販売促進策としては、売り上げに応じて一定の報酬を支払うといったインセンティブが効果的です。

図表9 ｜ プロモーション・ミックス

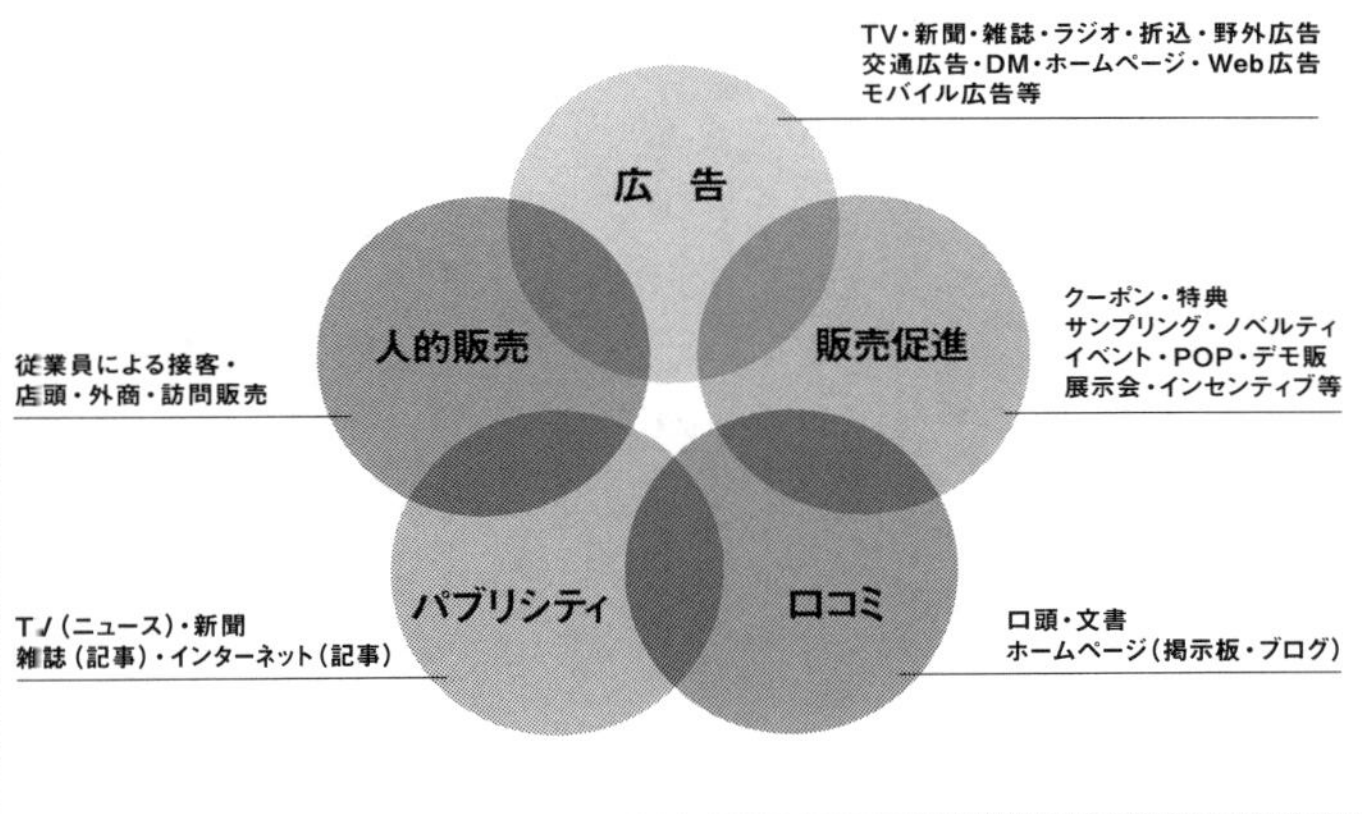

③人的販売

人が説明しなければ売りにくい製品やサービスでは、人的販売というプロモーションを活用することができます。人的販売では担当者が直接自社製品の利点などを顧客に伝えて販売に結びつけて行きます。

たとえば、営業担当者が電話でセールスをしたり、直接お客様のところに訪問したりして自社製品の説明を行い販売につなげるケースなどが該当します。

④パブリシティ

パブリシティは広告と同じテレビや新聞、雑誌などのメディアを通して自社や自社製品の認知度を高めるものですが、広告だ相応の費用を負担しなければならないのに対して、パブリシティは費用を負担する必要がないという違いがあります。

それゆえ、自社の思い通りに取り上げられてもらえるものではありませんが、パブリシティはテレビ局や新聞社、出版社という権威ある第三者のお墨つきと同じで、自社や自社製品に対する絶大な信用度のアップにつながります。

今や広告が至る所に溢れ、自社で自社製品のことを素晴らしいと伝えても、消費者はあまり反応しなくなりました。しかし、テレビ局など信用のおける第三者が素晴らしいと伝えることによって、情報の真実味が増して購入につながっていくのです。

⑤口コミ

今では口コミが商品の売れ行きに大きな影響を与える時代になりました。ある調査によれば、製品を購入する前に入念に情報収集を行う人の割合は8割上に達し、そのうちの8割以上は他人の評価、すなわち口コミに影響を受けるという結果も出ています。ですから、企業はこの口コミをプロモーションに活用することによって、売上アップを図れるようになるのです。

ただ、この口コミによるプロモーションが難しいのは、企業側で完全にコントロールできないという点です。もちろん、いい口コミもありますが、逆に悪い口コミもあり、7割以上の消費者はいい口コミよりも悪い口コミの方が購入決定に際して影響を及ぼすと答えていることからも、細心の注意を払う必要があると言えるでしょう。

第5章

なぜ、「551　HORAI」は“大阪”にこだわるのか？

～プレイス戦略の「なぜ？」「どのようにして？」～

プレイス戦略は、「最終的に顧客と接し自社製品を届ける」という意味で、その重要度は高くなります。顧客が欲しいと思うタイミングを逃さず、「どこで」「どのようにして」販売するかを入念に考えていく必要があるのです。また、プレイス戦略では自社製品を欲する顧客がどこのエリアに多くいるのかという地理的な分析も鍵を握るでしょう。

本章では成城石井や551 HORAI、ユニクロ、吉野家、JR東日本ウォータービジネスなどの企業の事例を取り上げてプレイス戦略を掘り下げていきます。

ケース
1

なぜ、成城石井は〝スーパー不況〟の中でも快進撃を続けることができるのか？

～独自の品揃え戦略と、自社ブランド商品を他店に置くという逆転の発想～

成城石井の快進撃を支える逆転の発想のプレイス戦略

イオンやイトーヨーカドーなど大手総合スーパーが苦戦を強いられる中、食料品中心のスーパーマーケットを展開する成城石井の快進撃が続いています。

直近の決算で大手総合スーパーが大幅な減益に見舞われる一方で、規模的に見れば小さいものの、成城石井は独自の戦略で売上、利益共に順調な成長を続けているのです。

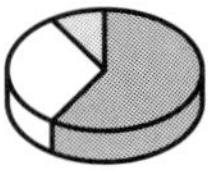

成城石井の強さの秘訣は何か？

この成城石井の強さの秘訣はどこにあるのでしょうか？

実のところ、成城石井は大手のナショナルブランド企業の商品を仕入れて販売する単なる流通小売り業者ではなく、自社で商品を企画し、製造し、販売する「**製造小売り**」の側面を持っています。成城石井が取り扱うオリジナル商品の割合は4割以上とも言われ、こだわりの商品をリーズナブルな価格で提供できるのが人気の秘訣であり、他のスーパーとの強力な差別化要因となっているのです。

たとえば、成城石井で一番人気のお惣菜はポテトサラダです。このポテトサラダを調理する際には、茹でたジャガイモの皮を人の手で剥いていきます。その量は1日に500キログラムから600キログラム、数にして2500個に達するそうです。効率を考えればもちろん機械で自動的に皮を剥いていくのに越したことがありませんが、ジャガイモの一番おいしいところは皮の真下にあり、機械で皮を剥けば、その一番おいしいところまで削ぎ落としてしまうことになります。ですから、顧客へ一番おいしいものを届けるために、成城石井ではどんなに店舗数が拡大しても、非効率ではありますが、ジャガイモは一つひとつ人の手で皮を剥くことにこだわっているのです。

その「顧客に最高のものを届ける」というこだわりの姿勢は、製法のみならず、すべてに徹底しています。およそ200種類以上に及ぶお惣菜や加工食品を自社工場で作る責任者は一流のホテルやレストランで腕を振るっていた料理人を採用し、製品開発を任せています。そして、料理には合成甘味料や保存料、合成着色料などの化学調味料をほとんど使わずに、極力素材の良さをストレートに引き出すことにこだわっています。

また、成城石井の店頭に並ぶワインやチーズは、それぞれ700種類、210種類と本場のヨーロッパでもありえないほどのバラエティに富んだ品揃えを実現しています。これは長年にわたって毎日顧客の声に耳を傾けた成城石井のバイヤーが世界各国を飛び回り、自分の目や舌で確かめた逸品を見つけ出し、生産者を口説き落として直接仕入れてきた積み重ねでもあります。この直接仕入れは、中間マージンをなくし、本当においしいものをリーズナブルな価格で提供できる成城石井の強みの1つにもなっています。

そして、品揃えに関して、成城石井のユニークな考え方は、「たとえ1カ月に数個しか売れなくても、固定ファンのついている商品は店頭に並べ続ける」ということでしょう。通常、小売業者であれば、ＰＯＳデータなどから売れ筋の商品を見極めて店頭に並べるのが効率的に収益を上げるための鉄則ですが、成城石井では非効率ではあっても、根強いファンのついた商品は、あまり売れなくてもあえて店頭に並べておくというのです。

このように「他の店にはないけれど、成城石井に行けば必ず置いてある」という顧客の期待に応え続けることによって、顧客からの高い支持を得ているのです。

成城石井がプレイス戦略のジレンマを解消するために繰り出したウルトラＣとは？

このように多くのファン顧客の支持を受けて、順調に成長を続ける成城石井ですが、現状の課題は店舗網の拡大と言えるのではないでしょうか。

２０１７年８月末日現在、成城石井は１３７店の直営店を展開しています。現在の人気を踏まえれば、全国に出店して一気に事業拡大を図りたいところでしょうが、流通網の整備は莫大なコストがかかる上に、一旦出店すれば簡単に撤退はできないため、大きなリスク要因となります。特に成城石井の人気の秘訣となっているお惣菜はセントラルキッチンで作られ、保存料を使用しないために日持ちがせずに、地方まで輸送して販売することには大きな困難が伴います。つまり、成城石井は成長を続けるために店舗網を拡大しなければいけませんが、その成功を支えるビジネスモデルゆえに急速に拡大できないというジレンマに陥ることになると言っても過言ではないのです。

ところが、成城石井は発想の転換でこの難題の解決の糸口を見つけます。冒頭でもお伝えしたように、現状スーパー業界は全体が地盤沈下しつつあります。最大手でも苦戦が続く中、地方の中小スーパーは生き残りに必死になっています。ただ、規模の小さな地方のスーパーでは、自力で目玉となる商品の開発は難しく、かと言って他店よりも安い価格で価格競争を仕掛ければ自分で自分の首を絞めることにつながりかねません。

そこで、成城石井はこのような地方の中小スーパーにオリジナル商品を販売する特設コーナーを展開することにより、お互いにメリットのあるプレイス戦略を推進しているのです。

地方の中小スーパーはライバル店に置いていない「成城石井のオリジナル商品」という武器を手に入れ、集客の目玉とすることができますし、成城石井にとってもコストをかけて自社店舗を出店することなく販売機会の増大につながり、売れ行きを調査しながら、地方でのブランドの浸透や将来の自社店舗の出店の足がかりとすることができるというわけです。

実際に成城石井では、卸し部門を通して47都道府県に自社ブランドの常設コーナーを設け、人気商品で地方スーパーなどの売上アップに貢献しながら、成城石井ブランドの浸透を図っているのです。

成城石井は、このような手堅いプレイス戦略を経て、ゆくゆくは自社店舗を全国に展開することができるのではないでしょうか。現状はローソンの子会社だけに、今後はさらにコンビニ内の特設コーナーなど、さまざまなプレイス戦略を駆使して成長を加速していくことも決して不可能なことではないでしょう。

ケース**2**

なぜ、『551　HORAI』は“大阪”にこだわるのか？

～「あえて全国展開しない」ことの経営的合理性を考える～

経営戦略的にも理に適った特定地域での成功へのこだわり

新大阪から新幹線に乗る際に、「５５１　ＨＯＲＡＩ」という白の背景に赤字で目立つロゴの入った手提げ袋を見かけたことがある人はきっと多いことでしょう。中身は豚肉の旨味と玉ねぎの甘みがとてもマッチした、ボリュームのある豚まんです。

『５５１　ＨＯＲＡＩ』（株式会社蓬莱）は、大阪を中心に60店舗ほどを展開する１９４５年創業の中華料理の老舗であり、その豚まんは１日に15万個以上売れるなど、大阪名物のお土産として多くの人に選ばれています。

今や、『５５１　ＨＯＲＡＩ』は大阪だけに留まらず、全国にその名をとどろかせています。各地のデパートから物産展への出店オファーが殺到し、期間限定でオープンする販売店には行列が絶え間なく続いているのです。

このように今では全国区の知名度を誇る『５５１　ＨＯＲＡＩ』ですが、創業の地にこだわり、催事場などでの期間限定の出店を除けば、東京など、より大きなマーケットへ進出する気配すらありません。

その理由は、創業の地である大阪に深い愛着を感じていることに加えて、「お客さまにできたての豚まんを食べていただく」という創業からの思いを頑固に守り、セントラルキッチンから１５０分以内の地域に限定して出店しているとのことです。

この『５５１　ＨＯＲＡＩ』のビジネスに対するこだわりが成功の大きな要因と言えますが、経営戦略的にも理に適っていると言えます。

あえて全国展開しない戦略の意図

それではここで、あえて全国展開せずに、特定の地域で成功を収め続ける企業の経営戦略の理を、掘り下げていきましょう。

①ブランドを築きやすい

まず1つ目の利点として、事業の範囲を特定の地域に絞り込むことによって、その市場でナンバーワンになることが容易になることが挙げられるでしょう。

『551　HORAI』は、大阪という限定的な地域でナンバーワンになることによって人々の心にブランドとして植えつけられ、事業を成功に導くことが容易になります。創業から70年を超えて大阪の人々に愛され続け「豚まんなら551　HORAI」というブランドイメージが定着すれば、何度もリピートしてもらえます。また、〝大阪名物〟という地位を確立することによって、「大阪のお土産なら551　HORAI」という重要なお土産需要を取り込むこともできるようになるのです。

②高い利益率を実現しやすい

2つ目の利点として、特定の地域に集中することにより、高い利益率を実現しやすいことも挙げられるでしょう。

特定の地域に集中的に出店する戦略は「**ドミナント戦略**」と呼ばれています。このドミナント戦略のメリットとして、出店地域での圧倒的なブランディング効果と同時に配送コストの大幅な削減などが挙げられるのです。たとえば、ブランド化によって広告宣伝費用をあまり使わなくても集客ができるようになりますし、配送する店舗が近接していればコストもあまりかからず、高い利益率につながっていくというわけです。

ここで、実際に同業他社と利益水準を比較してみると、『５５１　ＨＯＲＡＩ』を展開する株式会社蓬莱は上場企業ではないのでホームページ上で確認できる２０１５年度の売上高は１７３億円、営業利益は18億円なので、売上高営業利益率を計算すれば、実に10％を超える水準となります。

一方、同じく肉まんを販売する『新宿中村屋』の同時期の決算は４１６億円の売上高に対して、営業利益は８億円であり、売上高営業利益率は２％弱となります。また、三重に本社を構え全国展開する『井村屋』は、２０１５年３月期で売上高３６３億円、営業利益４億円なので、売上高営業利益率は１％程度に留まります。

このように、規模の大きい同業他社と比較しても、『５５１　ＨＯＲＡＩ』を展開する株式会社蓬莱は全国展開を目指さずに特定の地域にこだわることで、圧倒的に高い利益水準を実現できていることがわかります。

③失敗のリスクが低い

そして最後に3つ目の利点として、「**失敗のリスクを回避できる**」ということが挙げられるでしょう。

ビジネスを全国展開するということは、本拠地以外での〝戦線〟を広げることになります。つまり、これまで以上に「ヒト・モノ・カネ」という経営資源が必要になってくるのです。また、確かに首都圏に進出すれば、それだけマーケットは大きいと言えますが、それゆえ前述した『新宿中村屋』や『井村屋』など自社よりも規模の大きい強力なライバルが立ちはだかることになります。経営資源的に見ても、強力なライバル企業と正面から戦って勝利を収めることはそう容易ではないことは想像に難くないでしょう。

加えて、『551　HORAI』の場合は、最高の状態で商品を顧客に届けるために、まずはセントラルキッチンを建設して、その周辺に店舗を大量出店していく**ドミナント戦略**を採用しています。そのため、もし関東に進出を決めれば、工場の建設や大量の販売店の出店で莫大なコスト負担が必要になります。現状は人手不足で人材採用も難しく、現実的に考えれば、「全国展開はチャンスよりもリスクの方が高い」という判断もできるでしょう。

他にも全国展開の壁として、日本の各地域の独特の食文化が挙げられます。日本では地域ごとの食文化に大きな違いがあり、食に携わる企業がそのままの味覚で新たな市場に切り込んでも、同じように消費者に受け入れられることは難しいと言わざるを得ません。特に関西と関東では、食文化の違いが大きな壁として立ちはだかることは間違いないでしょう。

たとえば、関東ではシュウマイといえば崎陽軒の「シウマイ」ですが、崎陽軒の小ぶりで上品なシュウマイは関西ではあまり受け入れられず、一旦は大阪や京都などに進出したものの、最終的には撤退を余儀なくされています。やはり関西では、シュウマイといえば、『５５１　ＨＯＲＡＩ』の「焼売」のような、豚肉の旨味とたまねぎの甘味が合わさったこってりとしたボリュームのあるものであり、いかに関東では人気のある崎陽軒のシウマイでもこの食文化の壁を超えることができなかったのです。

大阪という地元に密着して愛され続ける『５５１　ＨＯＲＡＩ』は、創業から70年以上経った今でも昔ながらの味を守り続け、創業の地でより深く事業を掘り下げていくことで今後も成功し続けることは間違いないでしょう。

ケース3

なぜ、『ユニクロ』はアメリカで自販機を導入したのか？

～低リスクで、苦戦するアメリカ市場の突破口となる可能性を持つプレイス～

アメリカで苦戦する『ユニクロ』

『ユニクロ』を展開する株式会社ファーストリテイリングの２０１７年8月期の第３四半期の決算発表によれば、売上収益が前年同期比３％増の１兆４７７９億円、営業利益は23・９％増の１８０６億円、最終利益に至っては69・１％増の１２０１億円と好調な業績が浮き彫りとなりました。

その好調な決算の背景には海外事業の成長があり、特に東南アジアやオセアニア、韓国などは営業利益が倍増するなど、成長の牽引役となっていることが伺えます。

このように多くの海外マーケットで『ユニクロ』の存在感は増す一方で、なかなか思うように開拓できていないのがアメリカ市場です。

『ユニクロ』がアメリカに本格的に進出を始めたのは２００６年ですが、２０１１年にはアメリカの中心地、世界屈指の高級店が軒を連ねるニューヨーク5番街に、当時としては最大規模の販売面積を誇る超巨大な旗艦店を出店して話題を一身に集めます。同時に、地下鉄や2階建てのバス、タクシーなど街の至るところを〝ジャック〟して広告を展開。一気にファストファッションの本場アメリカでブランドを高めるプロモーション戦略に打って出ます。

ところが、本格的な進出から10年以上経過したアメリカでの展開は現在でも50店舗程度に留まり、赤字を解消できないなど、思うような攻略ができていないのが現状なのです。

『ユニクロ』に巻き返しの秘策はあるのか？

そこで、なかなか攻略できないアメリカ市場を切り開こうと『ユニクロ』が実験的に開始したのが自動販売機『Uniqlo To Go』です。

まず、２０１７年8月2日には、カリフォルニア州のオークランド空港に主力製品のヒートテック・シャツとウルトラ・ダウンジャケットが購入できる自動販売機『Uniqlo To Go』の1号機を設置しました。その後も、8月10日には、ロサンゼルス近郊にあるショッピングセンター『ハリウッド&ハイランド』、17日にはテキサス州のヒューストン空港、22日にはニューヨークにあるショッピングモール『クィーンズ・センター』と立て続けに自動販売機を設置して、今のところは全米の合計10都市で『Uniqlo To Go』を展開して販売網を広げていく計画です。

設置場所も、空港を始めとして、今後は駅やショッピングモール、映画館など多くの人が集まる施設で『Uniqlo To Go』を展開し、アメリカ市場の攻略を目指すことになります。

果たして『ユニクロ』は自動販売機で成功できるのか？

この『ユニクロ』の前代未聞の取り組みで、苦戦の続くアメリカ市場を切り開くことはできるのでしょうか？

「自動販売機によるアメリカ市場の開拓は必ずや失敗する」と厳しい予想をする専門家の意見もあるようですが、次のような理由から、案外成功するかもしれない可能性も秘めています。

①自動販売機での販売自体への注目度

まず1点目は、アメリカでは自動販売機自体が珍しく、多くの顧客の注目を引きやすいことが挙げられます。自動販売機は販売拠点というプレイス戦略ばかりでなく、顧客に『Uniqlo』というブランドを知ってもらうためのプロモーション戦略の一翼を担うこともできるのです。

特に多くの人が集まる空港や駅、ショッピングモールや映画館などは、デジタルサイネージや看板などでプロモーションを行う企業も多いですが、実際に自動販売機で販売も行えば、より注目度は高まることにつながるというわけです。

②コストがかからない

続いて2点目は、実際に店舗を出店することに比べればコストがかからないというポイントです。

小売業にとって店舗の出店には、店舗の賃料だけでなく、人件費を負担しなければならないなど、多大なコストを負担しなければいけません。その上、一旦出店すれば、撤退することもなかなか難しく、大きなリスクを覚悟しなければならないと言っても過言ではないでしょう。一方、自動販売機であれば、賃料も比較的負担は軽く、人を雇う必要もありません。撤退時のコストもあまりかからないために、気軽にテストマーケティングが行えるというメリットもあるのです。

③空港でのお土産需要を取り込める

3点目として、空港であればお土産需要を取り込めるという点が挙げられます。特に海外旅行で空港を利用する顧客は、最後に余った紙幣や硬貨を極力減らしたいというニーズもあります。そこで自動販売機で紙幣や硬貨を利用できるようにして、観光地の地名などを取り入れた限定のデザインTシャツやダウンジャケットを販売すれば、お土産需要を取り込むことも可能になります。また、映画館であれば上映されている映画とタイアップし、オリジナルデザイン商品を販売すれば、多くの映画ファンの注目を集めることも間違いないでしょう。

④成功すればライバルに先んじて〝一等地〟を押さえられる

最後の4点目は、自動販売機という「プレイス戦略」は、一旦成功を収めればライバル企業を排除できるというポイントです。自動販売機はリアルな販売店を出店することと同じです。つまり、ライバルに先駆けて〝一等地〟を押さえれば、ライバルの参入を防ぐことができるのです。

たとえば、コカ・コーラが日本市場でマーケットシェアトップを維持できるのも、自動販売機の設置台数で他社を圧倒し、しかも〝一等地〟を押さえているからに他なりません。同じように、『ユニクロ』もライバルに先駆けてアメリカ全土に自動販売機を設置し、販売網をいち早く築けば、いかに認知度で上回るＺＡＲＡやＨ＆Ｍといえども、そう簡単に逆転することは難しくなるというわけです。

ライバル企業に先駆けて挑戦する自動販売機の展開は、苦戦を続けるアメリカ市場で『ユニクロ』が成功のきっかけを掴む試金石となるでしょう。

ケース4

なぜ、『吉野家』は『出前館』と提携してデリバリーを始めたのか？

～競争過多な外食産業にとって、デリバリーは新たなチャネルとなっている～

デリバリーは外食産業にとって効果的なプレイス戦略

『吉野家』は『出前館』とタッグを組み、お客様に店舗に来てもらうのではなく、逆にお客様に牛丼を届けるデリバリーを開始しました。

『吉野家』はデリバリーの注文を請け負う『出前館』と提携して、２０１７年3月から恵比寿駅前店で試験的にデリバリーを導入していました。

その結果、予想を上回る売り上げアップにつながったことから、さらに東京と千葉の7店舗にまでエリアを拡大してデリバリーを行うことを決定したのです。

『吉野家』に限らず、外食産業にとってデリバリーは売り上げアップにつながる効果的なプレイス戦略と言うことができるでしょう。

たとえば、『マクドナルド』も『マックデリバリー』と名づけた自前のデリバリーサービスを２０１０年12月から試験的に導入し、２０１７年には15都府県までエリアを拡大してきました。

今後、『吉野家』も『出前館』の拠点拡大に伴い、デリバリー店舗を拡大していくことが見込まれます。

なぜ『吉野家』は『出前館』を利用することを選んだのか?

それでは、なぜ『吉野家』は自前でデリバリーを行わずに『出前館』にアウトソースすることを選択したのでしょうか?

その答えはコストにあります。

自社でデリバリーの仕組みを構築するためには、受注のためのチラシ作成や受注システム、デリバリーの人員確保など多大なコストを負担しなければなりません。

デリバリーを導入すれば、売り上げアップにつながるのは当然ですが、問題は売り上げアップとコストアップの関係です。

売り上げアップがコストアップを上回るなら、それは取りも直さず利益アップにつながりますが、売り上げアップしてもそれ以上にコストアップすれば損失につながることになり、デリバリーの導入が却って業績不振の原因ともなりかねないのです。

たとえば、一注文当たり１５００円、配達料３００円を徴収しても、コストが商品の原材料費はもとより、デリバリーの広告代やシステム料、人件費などを合わせて２０００円かかるようであれば、１回あたり２００円の損失が発生することにつながります。

もちろん、『出前館』にデリバリーをアウトソースする場合も、毎月のサイト掲載料３０００円に加えて、一定の受注代行手数料を支払わなければなりません。

ただ、自社でデリバリーシステムを構築する場合と『出前館』にデリバリーをアウトソースする場合を比較して、最終的に「『出前館』にアウトソースした方がコスト負担が低く、利益アップにつながる」という結論から提携に踏み切ったというわけです。

また、『出前館』では２００９年から『Tポイント』と連携していて、６０００万人を超える『Tポイント』会員にアプローチできるというメリットもありますし、低コストで配達員を利用できる仕組みも提供されています。

『出前館』では『吉野家』のデリバリーを請け負うにあたって、新聞販売店と提携し、新聞の配達がない時間に新聞配達員が飲食店のデリバリーを行う『シェアリングデリバリーモデル』という新たな仕組みを導入しました。

このモデルでは、『出前館』は配達員を確保できない飲食店に対しても、自社の受注システムを利用してもらえますし、デリバリーを請け負う新聞販売店は空き時間を有効に使って売り上げアップにつなげられます。

また、利用する飲食店にとっては「低コストでデリバリー」というオプションを追加できるという、まさに三者三様のメリットがある、うまくできたビジネスモデルになっているのです。

『吉野家』が『出前館』を利用する問題点とは？

さて、『出前館』にデリバリーをアウトソースすることによって、『吉野家』は低コストで売り上げアップを図ることができますが、決していいことばかりではありません。やはり、注意すべき点も少なからず存在するのです。

それは、『出前館』のサービスは独自資源ではなく、効果があると業界に知れ渡ればライバル企業も容易に利用できるという点です。

効率的で効果の高いデリバリーサービスが〝排他的〟に利用できるならば、『吉野家』にとってデリバリーサービスは新たな武器と成り得ますが、アウトソースでライバル企業も利用できるのなら、まったく強みにはならずに長期的な競争優位を築くことはできないのです。また、たとえデリバリーが売り上げアップに効果があるとわかっていても、エリアの拡大は自社の力ではどうにもならず『出前館』に委ねられるというポイントも制約条件になると言えるでしょう。

いずれにしろ、7店舗では売り上げアップへの寄与もそう期待はできないことから、今回の戦略的提携は今後のデリバリー拡大への布石と思われます。

もし「効果が高い」と判断されれば、さらにデリバリーの規模を拡大して、『吉野家』の業績に多大な貢献をするようになるでしょう。

ケース5

なぜ、ＪＲ東日本ウォータービジネスは〝現金お断り〟の自動販売機を設置するのか？

〜マーケティングの極意「顧客をよく知る」ための新たなアプローチ〜

駅ナカに〝現金お断り〟の自動販売機が登場！

ＪＲ東日本の駅ナカで飲料の自動販売機を展開するＪＲ東日本ウォータービジネスが、非常に興味深いマーケティングにチャレンジしています。

ＪＲ東日本ウォータービジネスは、電子マネー『Suica』（スイカ）しか使えない新型の自動販売機を、東京都内の多数の駅に設置。同社は、これまでも巨大な液晶を備え、自動販売機の上部に設置されたカメラセンサーで瞬時に購買者の性別と年代を判断して、季節や時間、年齢、性別に応じた飲料をお薦めするといった次世代自動販売機を駅ナカに導入するなど、業界でも常に最先端のマーケティングにチャレンジしてきただけに、〝現金お断り〟の自動販売機にも注目が集まっています。

なぜ支払いを電子マネーに限定するのか？

支払方法を電子マネーのみに限定する〝現金お断り〟の自動販売機の狙いは大きく分けて２つあります。

①価格設定の自由度を広げられる

通常、自動販売機では、お釣りの関係上、10円単位での価格設定しかできません。

この制約により、２０１４年４月に消費税が５％から８％に増税された際には、３％の増税分を増税以上に値上げする商品がある一方で、価格を据え置く商品もあり、トータルでの調整が行われました。結果として、増税以上に値上げした商品は、割高感から売上が大幅に落ち込むことにつながりました。

そこで、支払いを現金ではなく、電子マネーに限定することによって、１円単位での価格設定も可能になり、機動的な価格戦略を採れるようにしたというわけです。

実際に、この電子マネー専用自販機では、たとえば５００ｍｌのペットボトルが１５１円で販売されるなど、従来の自販機の１６０円より９円安い価格設定になっているのです。

②電子マネーによってより詳細なマーケティングデータを収集できる

通常の自販機では「どの商品が、どのくらい売れた」程度しかデータを取ることはできません。この程度のデータでは、なかなか売上アップにつなげるマーケティング戦略を立てることは難しいと言えるでしょう。

一方、決済を電子マネーで行えば、「いつ、誰が（性別、年代）、どのような頻度で購入した」というデータが取得できるために、場所や天気、気温などのデータと合わせることによって、より細やかなマーケティング戦略を組み立てることができるようになるというわけです。

マーケティング成功の極意は「顧客をよく知ること」

マーケティング戦略を成功に導く最も重要な要素は「**顧客をよく知ること**」です。

顧客をよく知り、「顧客が望むモノを、望む価格で、望むタイミング」で提供できれば、売れないものなど決してないのです。

そのためには、顧客の行動や嗜好を詳細に把握する必要があります。

- 何時に起床し、どのような経路で通勤し、昼休みはどこで何を食べ、何時に仕事を終え、アフターファイブは何をし、何時に帰宅して、何時に就寝するのか？
- 休日はどのような場所に出かけるのか？
- 月の収入はいくらで、どのようなものにどのくらい使っているのか？
- インターネットではどのようなサイトを見ているのか？
- テレビはどんな番組を見ているのか？
- 読んでいる新聞や雑誌は何か？
- どのようなものを好み、どのようなものが嫌いなのか？

などなど……

このように顧客のことを知れば知るほど、その顧客にアプローチするのは容易になります。

たとえば、ある顧客の平日の1日の行動を調査すると次のようなことがわかったとしましょう。

「6時に起床し、7時に自宅を出て、中央線で1時間かけて通勤。電車の中では日経新聞を読む。オフィスに着くと11時30分まで仕事をした後、1時間のランチ休憩へ。そして、午後は18時で仕事を終え、19時には帰宅。19時からはNHKのテレビ番組を見ながら、家族で食事。21時には情報収集のためにヤフーをチェック。そして、22時にお風呂に入り、23時には就寝……」

このような日々の生活を送っている顧客と接触して自社製品やサービスを利用してもらうためには、通勤時間帯の中央線の電車に中刷り広告を出したり、日経新聞に自社製品やサービスを紹介してもらったり、ヤフーにネット広告を掲載したりすることが有効になるでしょう。

もし、顧客の行動を知らなければ、見もしないテレビ番組にCMを流すなど効果の見込めないマーケティング戦略を誤って実行してしまうということにつながってしまうというわけです。

〝現金お断り〟の自動販売機は、このようなマーケティングの極意である「顧客をよく知る」を実践するために導入されたと言えるでしょう。

第5章　まとめ

プレイス戦略では、流通チャネルを適切に築くことによって、タイムリーに消費者に製品やサービスを届けていきます。流通チャネルには、卸売業者や小売業者をはじめとして、生産者の営業担当者が顧客の元に訪れ自社製品を直接販売する訪問販売やテレビで製品を販売するテレビショッピング、新聞や雑誌などに広告を掲載して販売する通信販売、インターネットで直接販売するネット通販など様々なものがあります。他にもケースの中で紹介したように、全国に多数設置されている自動販売機も立派な流通チャネルと言えます。企業はこのような流通チャネルを利用して顧客と接触を図り、自社製品の販売機会を増やしていくことができるのです。

それでは、プレイス戦略のまとめとしてポイントを整理していくことにしましょう

①流通チャネルの長さを決める

流通チャネルを設計する際には、その長さをどうするかを検討する必要があります。長

図表10　チャンネル段階の数（長さ）

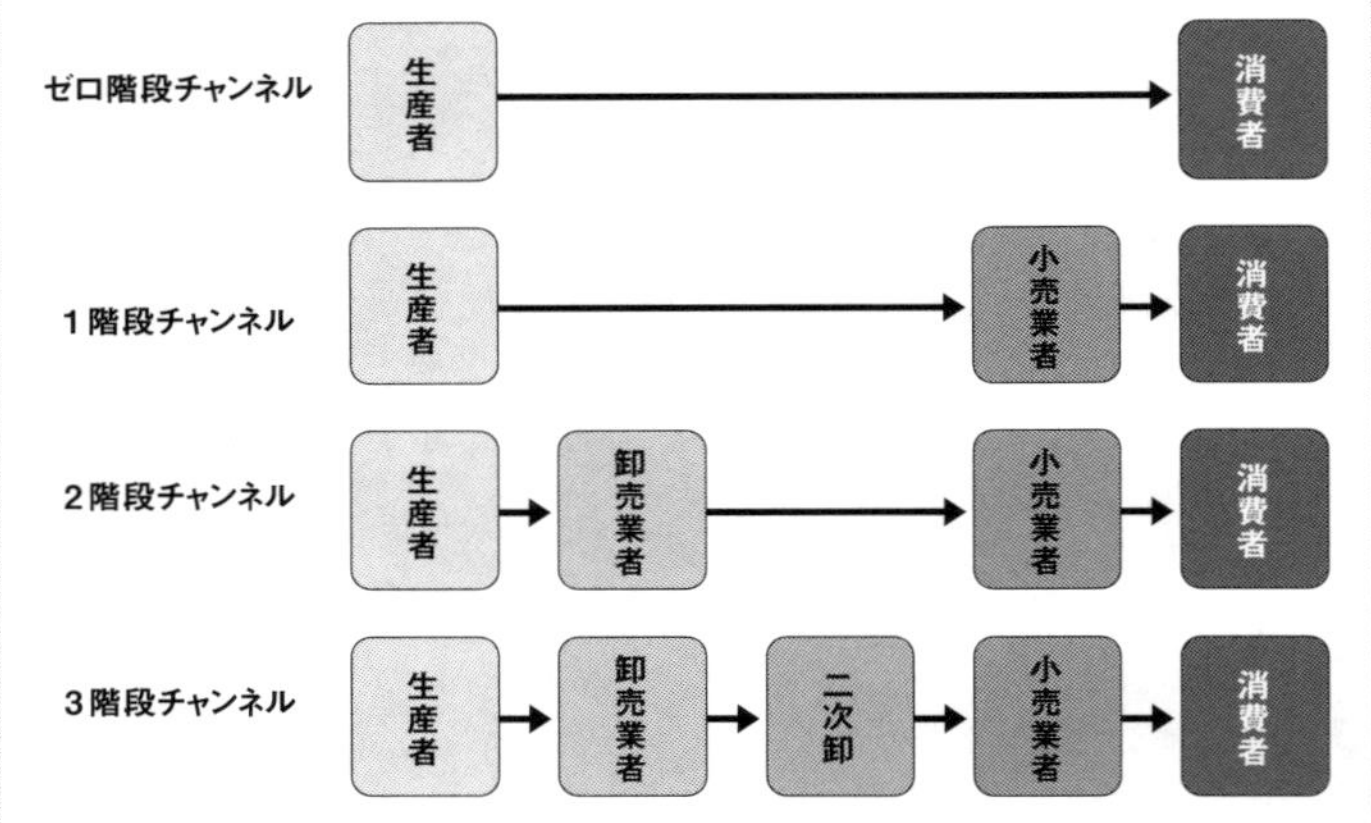

さとは、生産者から最終消費者に届くまでの間に介在する関係者の数のことです。

たとえば、最も短い流通チャネルの長さは生産者から消費者に直接届けるパターンになります。生産者によるインターネット販売や通信販売などがこのタイプに当てはまるでしょう。

続いては、生産者から小売店を通して最終消費者に届くタイプ。大手小売業者などが生産者から直接仕入れて、最終消費者に販売するパターンです。一度に大量に商品を売買すれば、生産者は多くの売上が見込めますし、小売店はボリュームディスカウントを得られます。加えて最終消費者も安く商品が入手できるというメリットもあります。

次は、生産者から卸売業者を通して小売店に渡り、最終的に消費者に届くパターンになります。

そして最後は、生産者から一次卸に渡り、それから二次卸を経て小売店で最終消費者に販売するタイプです。単価の安い最寄品などはこのタイプの流通チャネルを利用して最終消費者に届けられることになります。

このように様々な流通チャネルのパターンがありますが、自社製品の特性に応じたものを選択し、効率的に最終消費者に届けていくプレイス戦略が求められます。

②自社で流通網を築く際の注意点

自社で出店して流通網を築いていく場合には、顧客が集まるところに出店するのか、顧客のいないところに出店して顧客を集めるのかを決定しなければいけません。たとえば、リアルな店舗であれば集客力のあるショッピングモールに出店すれば、自社で集客に力を入れる必要はありません。

ただし、集客力のある場所に出店する場合は賃料などが高くなります。一方で郊外など顧客のあまりいない場所に店舗を構える場合、出店費用は低く抑えられますが、チラシなどのプロモーションに費用をかけて自社で集客していく必要があります。

③他社に流通を任せる際の注意点

他社に流通を任せる場合は、販売量やコントロールのしやすさの観点から、適切な対応を心がける必要があります。まず、大量に販売することを目的として他社の流通網を活用したい場合には、条件を一切設けず、自社製品を取り扱いたい小売業者すべてに販売を任せる方法が効果的です。ただ、この方法では自社製品の売上機会は最大となりますが、小売業者に対するコントロールは難しく、生産者が意図しない方法で販売されるリスクも考えられます。

続いては販売店に一定の条件を設けて、クリアした企業のみ自社製品の販売を任せる方法もあります。この場合、小売店との関係は強化され、意図しない安売りでブランドが傷つくということは避けられますが、販売店の数が限られるために売上機会が減少していくことにつながります。

最後は、少数の特定業者のみに販売を許可する方法です。自社製品のブランドを大事にする企業などは、この方法を活用することによって、流通チャネルを確実にコントロールし、高いブランドイメージを保つことが可能になります。ただ、この方法はさらに小売店を絞り込むために、顧客との接触機会が最も少なくなることにつながります。

このようにいずれの方法にもメリットとデメリットがあるので、慎重に検討した上で適切な方法を選択するといいでしょう。

第6章

なぜ、RIZAPは不振のジーンズメイトを買収するのか?

～ビジネスモデルの「なぜ?」「どのようにして?」～

安定的な成長を持続する企業には共通点があります。それは「優れたビジネスモデルを構築している」ことです。ビジネスモデルとは、簡単に言えば『稼ぐ仕組み』ですが、ライバル他社に真似できない仕組みを築き上げていくことによって、業界内で盤石の地位を確保することができるようになるのです。ただし、このビジネスモデルも一旦築けば永遠に通用するというものではなく、環境に応じて変化させていくことを心がける必要があります。

本章では RIZAP や ZOZOTOWN、アパホテル、スカイマークなどの企業を取り上げながら、その好調の背景を掘り下げていきましょう。

ケース
1

なぜ、RIZAPは不振のジーンズメイトを買収するのか？

～自社の事業領域拡大手段としての、他社の取り込み～

長期低迷するジーンズメイトの買収を決めたRIZAPグループ

「結果にコミットする」というコマーシャルで、次々と著名人のダイエットを成功させ急成長を続けるＲＩＺＡＰ（ライザップ）グループが、『ＥＤＷＩＮ』（エドウィン）や『Levi's』（リーバイス）などを中心にしたカジュアルウェアを販売するジーンズメイトを買収し、子会社化することを発表しました。

ただ、ジーンズメイトはここ最近『ユニクロ』や『ＧＵ』など低価格のファストファッションの台頭で業績が低迷。この３年間の売上高を見ても、２０１４年２月期の99億円から２０１６年には93億円にまで減少。最終利益は２００９年から連続赤字となっており、２

０１１年には30億円近い赤字を計上するなど極度の不振に喘《あえ》いでいるのです。

果たして、なぜ全国にパーソナルジムを展開するＲＩＺＡＰが衣料販売という関連が薄そうな、しかも業績不振のジーンズメイトを買収することを決定したのでしょうか？

その背景を掘り下げていくことにしましょう。

ＲＩＺＡＰグループとはどのような企業なのか？

今でこそ、「必ず目標を達成する」というストイックなダイエットで有名なＲＩＺＡＰですが、もともとは健康食品の販売会社からスタートしています。

グループ創業者の瀬戸健氏は、24歳のときに大学を中退して２００３年４月に健康食品を扱う健康コーポレーションを設立。当初は、大豆の胚芽部分を濃縮したサプリメントを販売しますが、この主力商品がまったく売れずに窮地に陥ります。

ところが、予期せぬところから大きなビジネスチャンスの糸口が見つかります。

サプリメントのおまけにつけていた「おからのクッキー」が、非常に評判がよかったのです。そこで、このクッキーを商品化しようと、瀬戸氏の実家で営んでいたパン屋で豆乳とおからのクッキーを焼いてもらい販売することにしたのです。とはいえ、このクッキーだけでは事業として成り立たせることは難しく、依然として慢性的な赤字から脱出することは難しい状況でした。

事態を一変させたのは、お客さまからの「クッキーを食事の代わりに食べている」という一言でした。この言葉をヒントに、瀬戸氏は「クッキーでダイエットができるのではないか」と考え、ビタミンをさらに加えて、新たなクッキーを完成させます。これを『クッキーダイエット』として売り出したところ、人気が爆発します。売り上げは初年度２４００万円でしたが、２００５年には9億円、２００６年には24億円、そして２００７年には１０７億円という驚異的な伸びを記録し、２００６年5月には札幌証券取引所アンビシャスに上場を果たすまでになるのです。

ところが、〝我が世の春〟もそう長くは続きませんでした。『クッキーダイエット』が大流行すると類似品が市場に溢れ、思うように売り上げが伸びなくなってしまったのです。瀬戸氏は、競争が激化した市場で差別化を図ろうと積極的に広告宣伝を展開し、２００８年には１５７億円の売り上げを記録するも、予想通りには売り上げが伸びず、２００トンものクッキーの在庫の山を廃棄して、４億円の最終赤字に転落。２００9年には1億円の最終利益を確保するも、売り上げは70億円と前年から半減するという窮地に追い込まれます。当時、健康コーポレーションは銀行におよそ30億円の借入があり、急激な業績不振によって銀行は手のひらを返したように融資の返済を迫ったことで、またしても会社は倒産の危機に直面することになるのです。

この危機を切り抜けることができたのは、創業者の瀬戸氏が『クッキーダイエット』のみでは将来的に不安があると判断し、成長の過程で買収していた会社が販売する美容器具のヒットでした。

当時、瀬戸氏は美顔器の市場に注目。女性の美に関して、化粧品市場は2兆3000億円と巨大なマーケットがあるのに、美顔器はわずか300億円と桁違いに小さなマーケットしかないことに気づきます。この理由として、美顔器が安いものでも3万円、高いものは10万円以上するという高い価格に問題があるのではないかと仮説を立て、手の届く価格であれば爆発的なヒットが見込めるはずという勝算を立てたのです。

そして、通常3万円程度はする美顔器をわずか980円で販売し、専用ジェルを月2980円で1年契約するというビジネスモデルで勝負する決断を下します。これは、たとえば携帯電話会社が2年契約をすれば、携帯端末を無料もしくは低価格で提供して、月々の通信料で端末の赤字を解消する仕組みとまったく同じものと言えるでしょう。この狙いは見事に当たり、980円の美顔器は飛ぶように売れ、業績はV字回復を果たしていくようになるのです。

このような危機を乗り越え、**「業績を安定させるには1つの商品、1つの事業に頼らない経営が必要不可欠」**と痛感した瀬戸氏は、企業買収や新規事業の立ち上げによって経営の安定化を図ります。その一環で2010年に生まれたのが、パーソナルジム『RIZAP』だったのです。

今では、健康コーポレーションはRIZAPグループと名前を変え、パーソナルジムの『RIZAP』を中心とした「美容・健康関連事業」をはじめとして、マタニティウェアや婦人服、紳士服を製造・販売する「アパレル関連事業」、住関連ライフスタイル商品の企画・開発・製造及び販売、そして注文住宅やリフォームを手がける「住関連ライフスタイル事業」、そしてゲームセンターやボーリング、映画館、出版事業などを行う「エンターテイメント事業」という4つの柱で支えられているのです。

また、RIZAPは新たな事業進出にも意欲旺盛で、最近では2カ月でスコア100切りを目指す『RIZAP　GOLF』や、2カ月でTOEIC200点アップを目指す『R

ＩＺＡＰ ＥＮＧＬＩＳＨ』など、ＲＩＺＡＰで培った結果にコミットするビジネスモデルをスポーツや教育の分野まで応用する挑戦を続けています。

加えて、他社とのコラボレーションも盛んに推進しており、ピザハットやファミリーマートとの低糖質のコラボ商品は、協業企業の売上アップに大きく貢献し、益々拡大の兆しが顕著になっています。

このような積極的な事業拡大策が功を奏し、ＲＩＺＡＰグループは２０１７年３月期には売上高がほぼ倍増の１０００億円、最終利益は前期比３倍近い70億円と急成長を実現しているのです。

思惑通りにジーンズメイトの再建はできるのか？

ＲＩＺＡＰグループのこれまでのヒストリーを見てくると、業績不振のジーンズメイトを自社グループの中に取り込んで再生を図り、さらなる事業拡大の推進役として期待していることがわかります。

ＲＩＺＡＰグループのこれまで培ったマーケティング力を存分に活かし、さらにはダイエットで痩せた人々がファッションに気を遣うようになるなど、RIZAPとのシナジーを発揮できればジーンズメイトの業績回復も見込めることでしょう。

何度も危機的状況に直面しながら、経営者の類稀なビジネスの才能と運で不死鳥のように蘇ってきたRIZAPグループですが、思惑通りに長い間極度の不振に喘ぐジーンズメイトを見事復活させ、さらなる躍進を実現できるのかに注目が集まります。

M&Aなどを駆使してRIZAPグループを短期間で1000億円企業にまで押し上げてきた創業者の瀬戸氏の目利き力と経営手腕にすべてが託されていると言っても過言ではないでしょう。

ケース2

『ZOZOTOWN』を展開するスタートトゥデイはなぜ、快進撃を続けるのか

～他社に先駆けて次々に斬新な打ち手を繰り出すことが競争力の源泉～

時価総額1兆円超えを果たしたスタートトゥデイ

ファッションに特化したネットモール『ＺＯＺＯＴＯＷＮ』（ゾゾタウン）を運営するスタートトゥデイの株式の時価総額が遂に1兆円を超えたというニュースが話題になりました。

スタートトゥデイの株価は、２０１６年８月には１５００円台で取引されていたものの、２０１７年８月28日時点では終値で３４２５円と、２倍を大きく超える水準に達しています。発行済み株式の時価総額は1兆６７４億円弱と、ファッションでいえば『ユニクロ』を展開するファーストリテイリングの３兆３３１８億円、ネットモールでいえば『楽天市

場』を展開する楽天の１兆８５０４億円には及ばないものの、錚々たる上場企業の中で１２９位につけるなど、存在感は益々増しています。

この好調な株価を受けて、発行済み株式の4割ほどを保有する創業者の前澤友作氏は、保有資産が４０００億円を大幅に超え、２０１７年8月23日に雑誌『フォーブス』が発表した「世界のＩＴ長者」で10位の孫正義氏、33位の三木谷浩史氏に次いで、日本人としては3番手の59位にランクインするなど、今や世界的な経営者の仲間入りを果たしました。

全般的に不況の波に晒されているアパレル業界において、カリスマ経営者の前澤氏が率いるスタートトゥデイの快進撃には、目を見張るものがあると言っても過言ではないでしょう。

『ZOZOTOWN』を展開するスタートトゥデイとはどのような企業なのか？

スタートトゥデイの会社としての歴史は、１９９８年に洋楽のＣＤやレコードのカタログ販売を行う有限会社を設立したところからスタートします。その後、２０００年4月には会社を株式会社化、10月にはオンラインセレクトショップ『ＥＰＲＯＺＥ』（イープローズ）の運営を開始し、アパレル事業への参入を果たします。そして、２００４年12月に17のセレクトショップを集めたネットモール『ＺＯＺＯＴＯＷＮ』の展開につながっていくのです。

この『ＺＯＺＯＴＯＷＮ』のビジネスが大当たりし、スタートトゥデイは２００７年12月に東証マザーズに上場。その後も順調に事業を拡大して、２０１２年２月には東証一部への昇格を果たすことになります。２００９年からの業績推移を見ても、２００９年３月期に１０７億円だった売上高は２０１７年には７６４億円と８年で７倍以上に、経常利益は22億円が２６４億円へと実に12倍にも達しているのです。

また、特にここ２年の売上高の成長率は目覚ましく、２０１６年には32％、そして２０１７年には40％と驚異的な成長を記録しています。

『ＺＯＺＯＴＯＷＮ』は、事業基盤の整備を着々と進め、これからは本格的成長期に突入することを予感させています。

『ZOZOTOWN』の成功の秘訣はどこにあるのか？

スタートトゥデイの主力事業である『ＺＯＺＯＴＯＷＮ』がここまで成功したのにはどのような背景があるのでしょうか？　続いて、その成功の秘訣を掘り下げていくことにしましょう。

①日本初の本格的セレクトショップのネットモール

もともと『ＺＯＺＯＴＯＷＮ』は、ファッションにこだわりを持つ創業者の前澤氏が、「自分が利用したいセレクトショップに特化したネットショップがない」というきっかけで、日本初とも言える有名セレクトショップを集めてネットモールを作ったのが始まりです。

それまで『楽天市場』などで安さを追求するネットショップはありましたが、商品の質を前面に押し出すショップがほとんど存在していなかったのです。ですから『ＺＯＺＯＴＯＷＮ』では安さを売りにせずにセール期間以外はほとんど値引きをしないのが特徴と言えます。

『ＺＯＺＯＴＯＷＮ』は、このようにしてファッション特化型のネットモールの先駆者として、〝**ファーストムーバーアドバンテージ（先行者利益）**〟を享受し、集まる数多くのセレクトショップの商品力で顧客を引きつけていると言えるのです。

②「魅力的なセレクトショップの参加→顧客の増加→セレクトショップの増加」の好循環

『ＺＯＺＯＴＯＷＮ』に出店するセレクトショップの数は２０１７年3月末で９５４に達し、年間の購入者数は６３２万人にも上ります。これらの顧客が年間に購入する商品の点数は10・3点で、年間購入金額は４万６４１７円という統計が発表されています。これらの数値は、毎年の推移を見てみると、順調に拡大していることがわかります。

『ＺＯＺＯＴＯＷＮ』では、人気ブランドを数多く取り揃えることに力を注いだ結果、『United Arrows』（ユナイテッドアローズ）や『BEAMS』（ビームス）、『SHIPS』（シップス）などの有名セレクトショップの出店を実現し、そのブランドを目当てに多くの顧客が集まるようになりました。そして、有名セレクトショップ目当てに多くの顧客が集まるようになれば、拡大する〝『ＺＯＺＯＴＯＷＮ』コミュニティ〟の中で売り上げ機会の増大を狙った他の有名セレクトショップの出店が増えるのは自然の流れと言っても過言ではないでしょう。

また、顧客は各セレクトショップのＥＣサイトを１つひとつ訪問して比較するのではなく、数多くのセレクトショップの商品を１つのサイト内で比較しコーディネートできるために、参加するセレクトショップが多くなればなるほど、利便性の面からも『ＺＯＺＯＴＯＷＮ』を選ぶということにつながっていきます。

『ＺＯＺＯＴＯＷＮ』は、このようなセレクトショップの出店増加と顧客の増加が相乗効果を生み出し、加速度的に成長を実現することができたのです

③卓越したビジネスモデル

『ＺＯＺＯＴＯＷＮ』の成功を語る上で、そのビジネスモデルも見逃すことはできないでしょう。『ＺＯＺＯＴＯＷＮ』では、「販売受託」「買取」「USED」という３つの販売形態があります。

この中で販売受託が売り上げの９割を占めますが、受託代行では、在庫の保管からサイトに掲載する写真の撮影、販売後の梱包や発送までの一連の作業をすべて『ＺＯＺＯＴＯ

WN』側で行うことになっています。

セレクトショップ側からすれば、このような煩雑な作業をすべてアウトソースすることはメリットもありますが、受託手数料は商品取扱高の28％程度とかなり高い料率が設定されています。しかも受託販売の場合、在庫を抱えるリスクは『ZOZOTOWN』側にはなく、セレクトショップが負うことになっているのです。

ただ、セレクトショップ側からすれば、自社でEC販売のすべてを行う手間やコスト、『ZOZOTOWN』に出店することによる売り上げ機会の増大を勘案すれば、高い受託手数料を払う以上に『ZOZOTOWN』と取引するメリットがあると考えているのでしょう。『ZOZOTOWN』は、このようなビジネスモデルで、圧倒的な高い利益率を実現しているのです。

『ZOZOTOWN』を展開するスタートトゥデイの高い収益性は、他の優良企業と業績指標を比較してみると一目瞭然となります。たとえば、ネット通販大手の『楽天市場』を運営する楽天の売上高営業利益率は10％弱ですし、アパレル大手で収益性の高いビジネスモデルを展開するファーストリテイリングは7％程度です。

一方、『ZOZOTOWN』を運営するスタートトゥデイの事業規模に2社と比較してまだまだ小さいものの、売上高営業利益率は34％を超えるなど、〝稼ぐ力〟は群を抜いていることがわかるのです。

④常に規模の拡大を目指す斬新なアイデア

また、『ZOZOTOWN』では常に斬新なアイデアで事業基盤の拡大を図っていることも順調に成長を遂げる大きな要因と言えるでしょう。

たとえば、2016年11月にスタートした新たな決済方法『ツケ払い』が挙げられます。「一人最大5万4000円」という制限はありますが、顧客が『ツケ払い』を選択すると、クレジットカードを利用することなく支払いを最大2カ月先まで延長することができます。顧客は先に商品を手にして、注文から2カ月以内にコンビニや銀行で代金を支払えばいいのです。このネットショップで『ツケ払い』ができるという斬新な取り組みは話題を呼び、2017年8月18日には利用者が100万人を突破したことが発表されました。

スタートトゥデイの発表によれば、利用者の男女比では68％が女性、そして年代別では20代が41・2％、続いて30代が25・7％であり、2017年4月から6月の3カ月間に商品取扱高が前年同期比40・9％増の595億円にまで拡大したとのこと。この数字は、『ツケ払い』の導入で、これまで取り込めなかった顧客へのアプローチに成功した証しと言っても過言ではないでしょう。

しかも、『ZOZOTOWN』のすごいところは、この『ツケ払い』の仕組みをリスクを最小限に抑えて導入したところにあります。通常、『ツケ払い』とは、販売側から見れば〝掛け売り〟であり、後日現金を回収する必要があります。特に小口の売掛金は管理・回収するにも手間がかかりますし、回収できずに貸し倒れのリスクも高まってきます。一方、『ZOZOTOWN』の『ツケ払い』は、すべて専門業者であるGMOペイメントサービスにアウトソースしているので、『ZOZOTOWN』は小口の売掛金を回収する手間も省けますし、貸し倒れになるリスクもGMOペイメントサービスの与信を管理するだけでいいのです。

このように、『ZOZOTOWN』を展開するスタートトゥデイは、他社に先駆けて次々と新たな試みで高い成長率を実現してきたのです。

ケース
3

なぜ、アパホテルは快進撃を続けることができるのか？

〜〝一点突破〟の集中戦略と、逆張り戦略、勝利の方程式の併せワザ〜

東京都内だけで1万室を突破

アパホテルが、ホテル業界での存在感を増しています。

２０１０年４月にスタートした同社の中期５カ年計画『ＳＵＭＭＩＴ５』では、〝一点突破・全面展開〟をキーワードに、宿泊特化型ホテルだけではない総合ホテル産業としてのさらなる成長とブランド力アップを実現し、「都心３区でホテル棟数ナンバー１」という高い目標を掲げて、挑戦を続けてきました。

結果として、東京23区内だけでもアパホテルの客室数は1万室を超え、全国では提携ホテルを含めると当初の目標であった４万室を大きく上回る５万１８９６室を達成しました。

この急成長に伴い、２０１５年の売上高は９００億円に達し、１７５１億円の売上高でホテル業界トップに君臨する西武ホールディングスとの差を確実に狭めてきているのです。

続く２０１５年４月からは、『ＳＵＭＭＩＴ５』の勢いをさらに加速すべく、新たな中期５カ年計画を策定し、「客室数10万室、２０２０年度のホテル部門の売上高１２００億円」などさらなる高い目標を掲げ、日本でダントツナンバー１のホテルチェーンとなるべく快進撃を続けているのです。

なぜ、アパホテルは快進撃を続けられるのか？

驚異的な成長を遂げるアパホテルですが、その背景には何があるのでしょうか？

１つの大きな要因としては、「**外部環境の好調さ**」が挙げられるでしょう。つまり、アパホテルだけが快進撃を続けているのではなく、ホテル業界全体が好景気の恩恵に預かっているということなのです。

ここ数年ホテル業界は空前のブームに沸いています。特に東京や大阪、京都といった大都市圏のビジネスホテルは稼働率が80％前後に達し、予約がなかなか取りづらい状況になっています。

この理由として、訪日外国人の急増が挙げられます。日本を訪れる外国人の数は、２０１２年には８３６万人程度でしたが、２０１３年に１０００万人を超えると、２０１６年には２４０３万人を超えるなど、わずか4年で3倍近い増加を記録しているのです。さらに政府は、東京オリンピックが開催される２０２０年までに訪日外国人の数を４０００万人まで増やす計画を立てており、今後も日本を訪れる外国人の数がますます増えることが見込まれています。

訪日外国人が増えれば、宿泊施設が当然必要ということで、今やホテルの建設ラッシュが大都市を中心に展開されているのです。つまり、このような好調なホテル需要の高まりを受けて、アパホテルも積極的な拡大路線に邁進しているということなのです。

好調なホテル業界の中で アパホテルの突出した成長はどこから来るのか?

お伝えしたように全般的に拡大基調にあるホテル業界ですが、その中でもアパホテルは突出して成長し続けていると言っても過言ではないでしょう。

それでは、なぜアパホテルは抜きんでた成長を実現できているのでしょうか？

ここでは、その成長の背景にある戦略を浮き彫りにしてみましょう。

①〝一点突破〟の集中戦略

まず、アパホテルの強さの根幹となる戦略として、**集中戦略**が挙げられるでしょう。

２０１０年４月にスタートした『ＳＵＭＭＩＴ５』のスローガンである〝一点突破〟が示すように、アパホテルはニーズの高い地区に絞って集中出店を続けています。

これは「**ドミナント戦略**」とも呼ばれ、特定地域に集中出店することによって地域内でのシェアを高め、結果としてブランド力が向上することによって、特定の地域で圧倒的な地位を確立することができます。

このドミナント戦略は、セブンイレブンがコンビニ業界で圧倒的な地位を確立するために採用した戦略としても有名で、アパホテルも同じように特定の地域で圧倒的ナンバー１になるために、ドミナント戦略を駆使していると言えるのです。

②時代の流れと逆行する〝逆張り戦略〟

また、〝逆張りの戦略〟も見逃せません。

これはアパグループ代表の元谷外志雄氏のビジネス的な才覚によるところが大きいと言わざるを得ませんが、これまでアパグループは経済の大きな波に翻弄されることなく、逆にその波を利用して拡大を続けてきました。

たとえば、2008年に起こったリーマン・ショックの影響で、地価が下落し上場不動産会社の倒産が相次ぎましたが、アパホテルはリーマン・ショック前に他社がミニバブルの波に乗って不動産投資を加速させていくのと逆行するように所有不動産を売却して銀行借入を返済し、難を逃れました。

そして、リーマン・ショック後に他社が地価の下落した不動産を売り急ぐ中、今度は逆に買いに走り、不動産を底値で購入することに成功します。

このような元谷氏の逆張りの戦略が、アパホテル急成長の礎を築いていったのです。

③アパホテルの〝勝利の方程式〟

そして、アパホテルがここまで急速に勢力を拡大してきた背景には、独自の〝勝利の方

程式〟もあります。

アパホテルは、駅に近いロケーションに続々と新たなホテルをオープンさせていますが、実際に足を運んでみると地形のあまりよくない物件を選んでいることがわかります。

そのような物件は買い手があまりつかずに近隣の相場よりも割安なことが多く、その土地の上に高層ホテルを建築することにより、建築コストを大幅に引き下げることができるのです。

また、一般的にホテルを建設する際には銀行融資を欠かすことはできません。つまり、ホテルが建設できるかどうかは、銀行の判断次第ということなのです。

一方、アパホテルは、税引き後の利益とホテルの減価償却で生み出された潤沢なキャッシュで建設費用を賄っており、最近では銀行融資に頼ることなく、次々に新たなホテル建設ができるという他のホテルチェーンにはない〝勝利の方程式〟がその成長を加速させているのです。

アパホテル、高収益を叩き出すカラクリとは？

また、アパホテルは２０１５年度の実績で売上高９００億円に対して経常利益は２７２億円にも達しています。つまり、経常利益率で30％とホテル業界の中では突出した収益力を誇っているのです。

この高収益体質の背景には売り上げを極大化する戦略と費用を極限まで削減する数々の方法があります。

①アパホテルの飽くなき売り上げ追求策とは？

たとえば、売り上げを極大化する戦略としては、アパホテルは航空業界で生み出された**「レベニューマネジメント」**を取り入れています。

レベニューマネジメントとは、需要の強弱に応じて柔軟に価格を変更し、売り上げの最大化を図る戦略です。たとえば、ゴールデンウィークやお盆、お正月など需要が高まる時期には室料を1室3万円など高い価格を設定してより高い売り上げを目指します。一方、それ以外の需要が低くなる閑散期には8000円など同じ部屋でも室料を低く設定することによって極力空室にならないように稼働率を高めて、売り上げを高めていきます。

このような価格の上げ下げは、すべて各ホテルの支配人に任されており、支配人は様々なデータを分析して、売り上げの極大化に努めることになるのです。

さらに売り上げアップに関して言えば、アパホテルでは客室の稼働率を高めるためにデイユースを取り入れています。たとえば、ホテルの客室を当日の15時から翌日の11時までなどといった宿泊だけでなく、当日の11時から17時などといった日帰りプランも提供しているのです。このデイユースにより、通常は利用されないスキマ時間も埋めることになり、客室稼働率は100%を超えることもあるのです。

アパホテルは、他にもアパカード会員による囲い込みによって売り上げアップを図っています。アパホテルの利用者は、アパカードの会員になれば、様々な特典のメリットを受けられます。たとえば、アパカード会員は、公式サイトから予約すれば、一般会員でも10%という高い還元率を得られ、5000ポイントになると5000円のキャッシュバックを受けることができます。つまり、宿泊費が1泊1万円だとすれば、5回泊まっただけで5000円のキャッシュバックを受けることができるのです。

通常クレジットカードなどでもポイントは貯まりますが、1～2％の還元率なので、いかにアパカード会員の還元率が高いかがわかるでしょう。このような魅力的な会員特典に引きつけられ、2016年11月30日現在でアパカード会員は1200万人を超えており、「日本国民の10人に1人はアパカード会員」という計算が成り立ちます。

これら多くの会員がリピーターとなって、アパホテルは業界の中でも屈指の高い客室稼働率を誇るのです。

②アパホテルの徹底したコスト削減法

続いて、アパホテルの費用を極限まで削減する方法を見ていきましょう。

アパホテルのシングルルームは一般的なホテルが14平米に対して11平米と若干小さく統一されています。これは1ホテルあたり、より多くの部屋数を確保して売り上げアップにつなげるばかりでなく、各部屋の光熱費を削減する狙いもあるのです。加えて2015年からは、試験的に顧客がいたとしても数時間で空調を強制的に止める『アイドリングストップ』を実施してさらなるコスト削減に努めています。

また、アパホテルの売りの1つになっている大浴場は顧客満足度を高める効果がありますが、宿泊客が客室の浴槽を使わないことにもつながり、結果として水道代の削減に一役買っているのです。

他にも、予約に関しては、高い手数料を支払わなければならない旅行代理店は利用せず、コストのあまりかからないインターネット経由の予約に特化するなど、アパホテルは売り上げアップを図る策と同時に徹底的なコスト削減を図ることによって、ホテル業界の中で突出した利益率を実現することが可能になっていると言えるでしょう。

アパホテルに死角はないのか？

さて、これまでは順調に拡大路線を突き進むアパホテルの背景をお伝えしてきましたが、果たして死角はないのでしょうか？

まず、心配なのは資金面です。

若干データは古いですが、２０１６年1月4日付の日本経済新聞で代表の元谷氏は取材に対して「（総資産は）２０００億円から２５００億円程度ある。借り入れは１０００億円程度だ」と答えています。

一方、2015年度のアパグループの売り上げは900億円なので、当時から年間売り上げを大幅に上回る借入残高があることがわかります。

現状のように業績が堅調な場合は問題にならないでしょうが、2020年の訪日外国人4000万人という数字を基に客室数を拡大し続ければ、東京オリンピック後の反動減で、客室の稼働率が一気に下がり、経営が急速に傾くことも十分に考えられます。

事実、過去にウィークリーマンションの草分け的な存在で最大手だった『ウィークリーマンションツカサ』は、ブームに乗って拡大路線をひた走るも、バブル経済の崩壊で景気が冷え込むと業績が急速に悪化。過大な借り入れがたたって、最終的には倒産の憂き目に遭いました。今は好調な需要を背景に拡大路線をばく進するアパホテルもウィークリーマンションツカサと同じ轍を踏まない保証はありません。

ただ、アパホテルの元谷代表は2020年以降に繰り広げられるビジネスホテルの激しい生き残り競争もすでに見越していると豪語します。その際には、利益率の低いホテルの撤退が相次ぐと見て、逆に買収などによって勢力をさらに拡大するチャンスと虎視眈々と狙っているのです。

また、人材面も死角となりえるでしょう。アパホテルは急拡大を続けていますが、問題となるのは各ホテルの支配人です。特にアパホテルでは、お伝えしたように状況に応じて臨機応変に支配人が部屋の価格を決定するなど、大きな裁量が与えられています。この各ホテルの支配人の能力が、アパホテル全体の売り上げ極大化の鍵を握っているのです。ただ、このような優れたスキルを持つ人財を育成するのは一朝一夕にはいかず、適切な人財が不足しているのが現状なのではないでしょうか。

今後さらなる拡大を図る上で、人財不足は成長の足かせとなりかねないことを考えれば、社内で育てることはもちろんですが、即戦力を同業からヘッドハンティングするなど、あらゆる手段を使って確保する必要があるでしょう。

光が強ければ、影もまた濃くなります。

現状、アパホテルは順調に成長しているように外からは見えますが、急成長の歪みが必ずや内部の至る所で噴出しているはずです。これらの次々と浮かび上がってくる課題や問題をうまくコントロールすることが、今後の成功のカギを握ることになるでしょう。

ケース4

なぜ、スカイマークはわずか1年余りで復活することができたのか？

～ビジネスの成否で重要なのは、外部環境の変化に対する経営者の経営判断～

V字回復を見せたスカイマーク

経営破綻からわずか1年余り。スカイマークは、民事再生の手続きを終結し、V字回復を成し遂げています。

２０１６年３月期の決算では、売上高が７２１億円、本業の儲けを示す営業利益は15億円の黒字化を果たしました。破綻前の２０１５年３月期は、９カ月間ですが、売上高６４３億円に対して、営業利益は１１３億円の赤字に陥っていたことを踏まえれば、急速に業績が回復したことがわかります。

そもそも、なぜスカイマークは破綻したのか?

わずか1年余りで再生を果たしたスカイマークですが、そもそもなぜ経営破綻に追い込まれたのでしょうか? 分析を行っていくと、いくつかの要因が重なって、急速に経営が傾いたことが浮き彫りとなります。

①経営者の判断ミス

まず、最大の要因は経営者の判断ミスと言えるでしょう。

スカイマークは、悲願ともいえる国際線の進出にあたって、〝空飛ぶホテル〟と称されるエアバス社の大型旅客機『Ａ３８０』を６機発注します。Ａ３８０は１機あたり３００億円以上、総額で１９１５億円もの大型投資に踏み切ったのです。ただ、当時のスカイマークの売上高は９００億円にも届いておらず、明らかに無謀な賭けに打って出たと言っても過言ではないでしょう。

そして案の定、スカイマークは外部環境の悪化で赤字に転落すると、２機の購入を延期し、残る４機の発注はキャンセルしたい旨をエアバス社に伝えます。それに対し、エアバス社はすでにスカイマークが支払った前払い金の２６５億円を没収した上で、７００億円にものぼる違約金を請求してきたのです。

赤字に転落したスカイマークに、このような多額の違約金を支払う余裕などなく、苦渋の決断として民事再生法を申請せざるを得ない状況に追い込まれてしまったというわけです。

②無借金経営で銀行からの支援が望めなかった

また、スカイマークの決算書を分析すると、銀行からの借入金が一切ないことがわかります。つまり、スカイマークは無借金経営を行っていたのです。

一般的に、銀行借入に頼りすぎると、倒産リスクが高まると言われていますが、スカイマークの場合、逆に銀行借入がまったくなかったために、あっという間に倒産したと言えるでしょう。

日本において、普段から銀行との関係が良好であれば、業績不振に陥った際には、メインバンク主導で再建が進められることがあります。銀行も貸し倒れだけは避けたいので、融資や企業ネットワークをフル活用して、経営再建をサポートしていくのです。

ところが、スカイマークの場合は無借金でメインバンクが存在しないために、業績が悪化し資金が足りなくなった段階で、預金口座のある銀行に助けを求めたとしても、よほどしっかりとした担保がなければ、銀行は融資に二の足を踏み、貸付金もないためにあえて支援しようというインセンティブは働かないのです。

破綻直前に、スカイマークに残されたキャッシュはわずか7億円。これに対し営業未払金は65億円まで膨れ上がっており、このような状況で投資も融資も引き出せなければ、通常の運転資金も賄えず、まさに〝お手上げ〟状態になってしまったのです。つまり、スカイマークはメインバンクを持たないがゆえに、〝サドン・デス〟につながったとも言えるのです。

③外部環境が悪すぎた

最後の3点目は、外部環境です。

航空会社にとって、燃料費はコストの中でも非常に大きなウェートを占めています。国際線の場合は、サーチャージと称して、燃料費が高騰した際に料金に上乗せすることによってリスクをヘッジしていることからも、その影響力の大きさがわかります。

スカイマーク破綻前の原油価格の水準は１００ドルを大きく超え、航空会社にとっては大きな負担となっていました。しかも２０１２年12月に安倍内閣が誕生すると、〝アベノミクス〟による経済対策でそれまでは90円前後だった為替水準が一気に円安に振れ、１００円を超える水準にまで円安ドル高が進行。スカイマークは、このように燃料である原油価格の高止まりと円安のダブルパンチで、多大なコスト負担から、営業赤字に転落することになったのです。

スカイマークのＶ字回復を実現に導いたものとは？

それではスカイマークは、このようなどん底からどのようにして短期間で復活を成し遂げたのでしょう？

主な要因としては次の２つが挙げられます。

①外部環境の好転

高止まりしていた原油価格は、アメリカでこれまで困難とされてきたシェール層からの石油や天然ガスの抽出が可能になった〝シェール革命〟により、大きく下落することになります。

それまで、1バレルあたり100ドルを超える水準で取引されていた原油価格は、最低20ドル台にまで落ち込むと低位で安定。ドル円の為替相場は、アベノミクスの影響でさらに円安が進んで120円台をつけたものの、原油価格の値下がりの影響が大きく、コストを大幅に削減することができたのです。

②不採算路線からの撤退による効率の向上

加えて、不採算路線から撤退し、搭乗率の向上を図ったことも功を奏したと言えるでしょう。

スカイマークは破綻前、最高で月間5334便の運航を行っていましたが、破綻直後は最低3458便まで絞り込みます。結果として搭乗率は向上し、最近の9カ月間は80%を超えるという好調を維持しているのです。

このような理由でスカイマークの業績は驚異的な回復を見せていますが、まだまだ予断は許さない状況と言っても過言ではないでしょう。

外部環境で言えば、過度な円安が進まずに、原油価格の低位安定が続くかどうかということが重要な要件になりますし、内部に目を向ければ、同じ失敗を繰り返さないよう適切な経営判断が欠かせません。

企業の業績は外部環境によって大きく左右され、経営者の経営判断次第で急速な成長を実現することもできれば、危機的な状況に陥ることもあるのです。

そこで、経営者には自社を取り巻く外部環境を正確に読み解く鋭い分析力とそれに対応する適切な経営判断能力が求められていると言えるでしょう。

第6章 まとめ

ビジネスモデルはビジネス成功の重要な鍵をにぎりますが、決まったパターンがあるわけではなく、自社の置かれた環境に応じて簡単には真似されないオリジナルのビジネスモデルを築いていく必要があります。

とはいえ、ゼロからビジネスモデルを築くことは難しいために、「バリューチェーン」というフレームワークを活用すれば、より体系的にビジネスモデルを検討できるでしょう。事業とは「顧客に対して商品やサービスを提供し、その対価として代金をいただく活動」です。通常、企業は原材料を仕入れ、それに付加価値をつけていくことによって最終的に利益を確保します。この付加価値を生み出すプロセスを細かく分解して分析していく手法がバリューチェーンというわけです。

このバリューチェーンを活用したビジネスモデルの構築は、次の４つのタイプに分類することができます。

①活動を省く

活動を省いてビジネスモデルを構築するには、バリューチェーンの個々の活動を分析して、各プロセスに無駄な活動がないかを確認して、もし無駄があるようであれば、その活動を省いていきます。

たとえば、「デルモデル」という、パソコンメーカーのデルが導入して大きな成功を収めたビジネスモデルがあります。デルはバリューチェーン分析を行って、小売店を通しての流通体制に対して無駄があると判断しました。小売店経由の販売はそれだけ流通経費がかかりますし、在庫を多く抱えなければいけないというリスクやコスト負担も発生してきます。そこで、「小売店での販売」というバリューチェーンのプロセスを省き、オンラインでの直接販売方式に切り替えて受注生産とすることによって、流通と在庫のコストを劇的に引き下げることに成功したのです。

②活動を加える

活動を加えてトータル的な顧客にとっての付加価値を高めていくビジネスモデルの構築法もあります。たとえば、これまで実際の店舗でしか販売していなかった企業がオンライ

図表11 | バリューチェーン

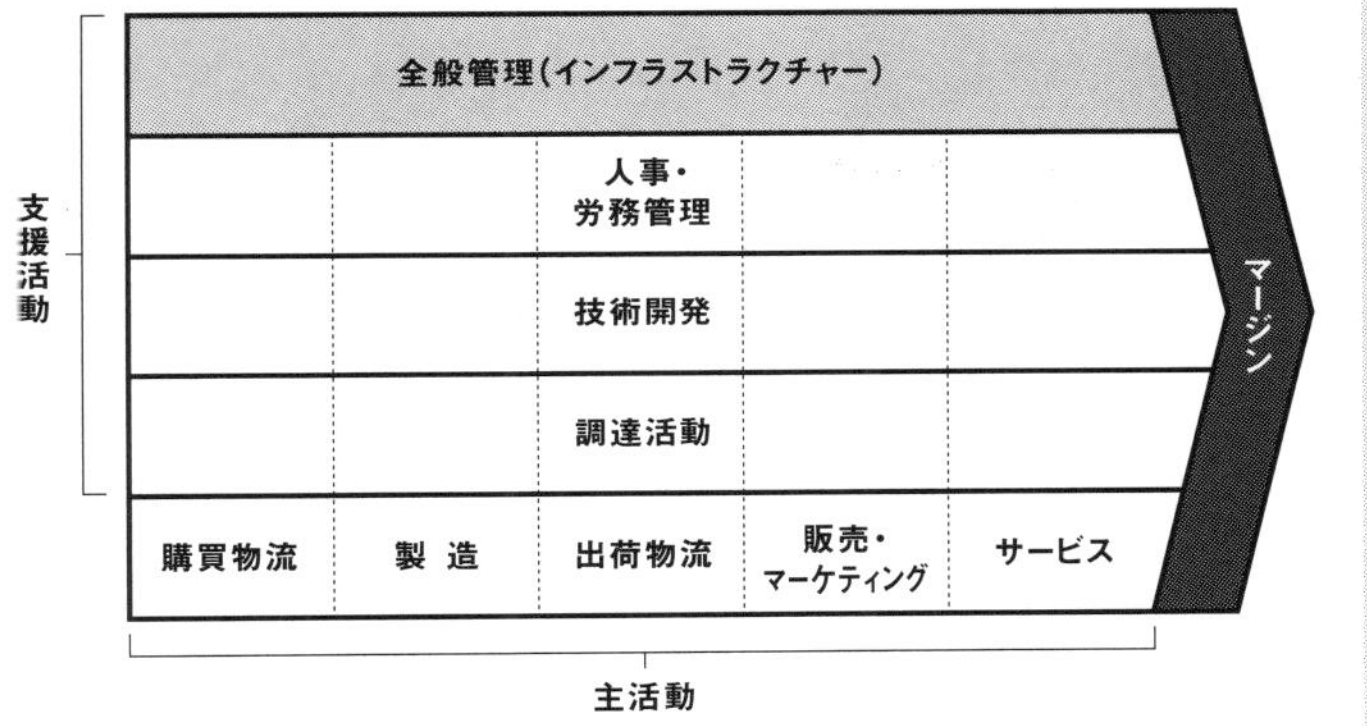

出典:『競争優位の戦略』(ダイヤモンド社、1985年)、NRI

ン販売という活動をバリューチェーンに加えることによって顧客への利便性を高める場合などは、この「活動を加える」事例と言うことができるでしょう。

顧客はオンライン販売によってこれまでは営業時間に店舗に出向かなければいけなかったものが、24時間いつでも、どこでも都合のいいときにショッピングを楽しめるようになります。また、このオンラインショップに検索機能という「活動を加え」れば、顧客の商品を探す手間を省くこともできるので、一層顧客の利便性の増加が期待できます。

③活動を束ねる

複数のバリューチェーンの活動を束ねてい

くことによって、より付加価値を高めたビジネスモデルを構築できます。たとえば、これまで銀行は預金や融資などを主なサービスとしていましたが、規制緩和により証券会社が行っていた投資信託を販売したり、保険会社が行っていた終身保険を販売したり、様々な金融サービスを〝束ねる〟ユニバーサルバンクに変貌を遂げています。一つの金融機関で多くの金融商品を提供することにより顧客の利便性を増し、サービスの価値を向上させることが可能になります。

このように相乗効果の期待できる「活動を束ねる」ことによって商品やサービスの付加価値を飛躍的に高めることができるというわけです。

④活動を選択する

バリューチェーンの各プロセスでは、企業は何がしかのコストを負担する必要があります。そこで自社がやるべきプロセスと他社に任すべきプロセスを選別することによって独自のビジネスモデルを築くことができます。

たとえば、主活動の物流では輸送費がかかりますし、支援活動の経理処理などでは人件費などの経費がかかります。バリューチェーン分析では、この各プロセスのコストを詳細に把握し、自社で行った場合とアウトソースした場合を比較してコストの低い「活動を選択する」ということになります。

たとえば、主活動の物流において、自社でトラックを保有して輸送に利用する場合はトラックの購入費用やガソリン代、駐車場、車検、ドライバーの人件費など諸々のコストが必要になってきます。これらの自社で負担する費用と輸送専門の業者に外注する場合の費用を比較してよりコストの安い手段を選択するというわけです。

ただ、この「活動を選択する」場合に注意しなければいけないのは、自社の核となる強み、もしくは今後核となる強みになるであろう活動はコストが少々割高であってもアウトソースを行ってはいけないということです。

自社の核となる強みを「コストが高い」という理由でアウトソースしてしまうと、自社にとって競争優位を確立する手立てがなくなってしまうからです。ですから、バリューチェーン分析でじっくりと強みや弱みを把握した上で自社の弱みとしてコスト負担の大きい活動をアウトソースして付加価値を高めていくという選択をすると、いいのではないでしょうか。

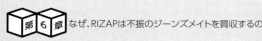

おわりに

話題を振りまく数多くの企業の「なぜ?」をお届けしてきましたが、いかがだったでしょうか?

今や日本経済の成熟やグローバルレベルでの競争の激化、テクノロジーの急速な進展などビジネスを取り巻く環境はどのような企業にとっても厳しく、また目まぐるしく変わっています。そのようなビジネス環境の中では、いかにこれまでに成功を収めた企業といえども、「戦略」を間違えればあっという間に転落してしまいますし、逆に業績不振に陥ったとしても、適切な「戦略」を実行に移せばV字回復を成し遂げることも決して不可能ではないでしょう。つまり、常に目標を見据えて、どうすれば達成できるかを考える〝戦略力〟を磨いていくことが成否の大きな鍵を握ることになるのです。

この〝戦略力〟を実戦の中だけで高いレベルにまで磨き上げることは難しいと言えるで

しょう。やはり、まずは経営戦略やマーケティング戦略などのビジネス理論の基礎的なフレームワークをマスターした上で多くのケースを分析することも必要になってきます。

ここでうれしいニュースは、「〝戦略力〟を鍛える題材には事欠かない」ということです。メディアで日々報道される数多くの企業のニュースに目を凝らして、「なぜ、この企業はこのようなことをするのか？」という「戦略」の背景を自分なりに考えてみたり、「自分が経営者だったらどのような決断を下すか？」といった経営者視点で独自の「戦略」を考えてみたりすることによって、〝戦略力〟をどんどん磨いていくことができるようになるのです。

それはまさに本書でお伝えしてきたことなのですが、本書がそのきっかけとなれば著者冥利に尽きます。

企業の成長は、取りも直さず人の成長です。働く人々が多くを学んで成長すれば、より大きなビジネスに取り組むことができるようになって、企業はどんどん成長していきます。また、経営者レベルでは特に〝戦略力〟を高めていく努力を怠らないようにすれば、どんなに厳しいビジネス環境の中でも思い通りの結果を残すことができるでしょう。

私自身、これまで10年以上にわたって、『オールアバウト』や『Ｂｉｚコンパス』『ビジネスジャーナル』『MAG2NEWS』などネットメディアで数多くの企業の戦略分析の記事を連載してきましたが、本書はその集大成とも言えます。今回、『通勤大学ＭＢＡ』シリーズからおつきあいのある総合法令出版の田所陽一さんより出版のお声がけをいただき、書籍という形でみなさまの元にお届けできることに心より感謝すると共に、一人でも多くの方に手に取っていただき、ご自身のビジネス戦略を立てる際に役立てていただきたいと思っています。

以上、最後になりましたが、みなさまのビジネスの成功を祈って筆を置きます。

２０１８年2月吉日

株式会社 MBA Solution　代表取締役　安部徹也

【著者紹介】

安部徹也（あべ・てつや）

株式会社 MBA Solution　代表取締役

◎――1990年九州大学経済学部経営学科卒業後、太陽神戸三井銀行（現・三井住友銀行）に入行。銀行退職後に渡米し、インターナショナルビジネス分野で全米No.1のビジネススクール「Thunderbird」に留学し、Global MBAを取得。成績優秀なトップMBAのみが入会を許可される組織であるβΓΣ（ベータ・ガンマ・シグマ）会員。ビジネススクール卒業後に経営コンサルティング及びビジネス教育を手がけるMBA Solutionを設立して、代表取締役に就任する。現在主宰する「ビジネスパーソン最強化プロジェクト」には、2万5000人以上のビジネスパーソンが参加し、MBA理論を学んでいる。

◎――テレビや新聞、ラジオ、雑誌など多くのマスメディアに登場。主な著書に『超入門コトラーの「マーケティング・マネジメント」』『MBA戦略思考の教科書』（かんき出版）、『最強のイノベーション理論集中講義』（日本実業出版社）など。

株式会社 MBA Solution

http://www.mbasolution.com/

売り方は1枚のピザが教えてくれる
～身近な実例から学べるマーケティング入門～

2018年2月26日　初版発行

著　者　安部徹也
発行者　野村直克
発行所　総合法令出版株式会社
〒103-0001　東京都中央区日本橋小伝馬町15-18
ユニゾ小伝馬町ビル9階
電話 03-5623-5121

印刷・製本　中央精版印刷株式会社

落丁・乱丁本はお取替えいたします。

ISBN 978-4-86280-598-0
総合法令出版ホームページ　http://www.horei.com/